रानी नागफनी की कहानी

रानी नागफनी की कहानी

हरिशंकर परसाई

वाणी प्रकाशन

प्रकाशन के उत्कृष्टतम 61 वर्ष

सजिल्द पहला संस्करण : 2006
सजिल्द दूसरा संस्करण : 2008
सजिल्द तीसरा संस्करण : 2010
सजिल्द चौथा संस्करण : 2019
सजिल्द पाँचवाँ संस्करण : 2025

vaniprakashan.com

वाणी प्रकाशन

4695, 21-ए, दरियागंज, नयी दिल्ली-110 002
फ़ोन : + 91 11 23273167, 23275710
शाखाएँ
अशोक राजपथ, पटना-800 004, बिहार
कॉफ़ी हाउस कैम्पस, महात्मा गांधी मार्ग, प्रयागराज-211 001, उत्तर प्रदेश
महात्मा गांधी अन्तरराष्ट्रीय हिन्दी विश्वविद्यालय, वर्धा-442 001, महाराष्ट्र
sales@vaniprakashan.in
vaniprakashan@gmail.com

Rani Nagfani Ki Kahani
by Harishankar Parsai

ISBN : 978-81-7055-199-7

Satire

मूल्य : ₹ 225

आर. टेक ऑफ़सेट प्रिंटर्स, दिल्ली-110032 में मुद्रित

वाणी प्रकाशन का लोगो मक़बूल फ़िदा हुसैन की कूची से

भूमिका

सात-आठ साल पहले मुन्शी इंशाअल्लाखाँ की 'रानी केतकी की कहानी' पढ़ते हुए मेरे मन में भी एक 'फेंटजी' जन्मी थी। वह मन में पड़ी रही और उसमें परिवर्तन भी होते रहे। अब वह 'रानी नागफनी की कहानी' के रूप में लिखी गयी।

यह एक व्यंग्य-कथा है। 'फेंटजी' के माध्यम से मैंने आज की वास्तविकता के कुछ पहलुओं की आलोचना की है। 'फेंटजी' का माध्यम कुछ सुविधाओं के कारण चुना है। लोक-कल्पना से दीर्घकालीन सम्पर्क और लोक-मानस से परम्परागत संगति के कारण 'फेंटजी' की व्यंजना प्रभावकारी होती है। इसमें स्वतन्त्रता भी काफी होती है और कार्यकारण सम्बन्ध का शिकंजा ढीला होता है। यों इसकी सीमाएँ भी बहुत हैं।

मैं 'शाश्वत साहित्य' रचने का संकल्प करके लिखने नहीं बैठता। जो अपने युग के प्रति ईमानदार नहीं होता, वह अनन्त काल के प्रति कैसे हो लेता है, मेरी समझ से परे है।

मुझ पर 'शिष्ट हास्य' का रिमार्क चिपक रहा है। यह मुझे हास्यास्पद लगता है। महज हँसाने के लिए मैंने शायद ही कभी कुछ लिखा हो और शिष्ट तो मैं हूँ ही नहीं। मगर मुश्किल यह है कि रस नौ ही हैं और उनमें 'हास्य' भी एक है। कभी 'शिष्ट हास्य' कहकर पीठ दिखाने में भी सुभीता

होता है। मैंने देखा है—जिस पर तेजाब की बूँद पड़ती है, वह भी दर्द दबाकर, मिथ्या अट्टहास कर, कहता है, 'वाह, शिष्ट हास्य है।' मुझे यह गाली लगती है।

खैर, अब 'रानी नागफनी की कहानी' पढ़िए।

—लेखक

क्रम

फेल होना कुँअर अस्तभान का और करना आत्महत्या की तैयारी

किसी राजा का एक बेटा था जिसे लोग अस्तभान नाम से पुकारते थे। उसने अट्ठाइसवाँ वर्ष पार किया था और वह उनतीसवें में लगा था। पर राजा ने स्कूल में उसकी उम्र चार साल कम लिखाई थी, इसलिए स्कूल रजिस्टर के मुताबिक उसकी उम्र चौबीस साल ही होती थी।

कुँअर अस्तभान का एक मित्र था जिसका नाम मुफतलाल था। मुफतलाल उस युग में बड़ा प्रसिद्ध आदमी हो गया है। जब लोगों को 'जैसा नाम वैसा काम' का उदाहरण देना होता, तो वे मुफतलाल का नाम लेते थे। कुँअर अस्तभान और मुफतलाल दोनों बचपन के साथी थे। दोनों साथ स्कूल जाते और एक ही बेंच पर बैठते। दोनों कक्षा में बैठे-बैठे साथ मूँगफली खाते; पर पिटता मुफतलाल था। अस्तभान बच जाता, क्योंकि वह राजा का लड़का था। दोनों पुस्तकें बेचकर मेटिनी शो सिनेमा देखते। परीक्षा में दोनों एक-दूसरे की नकल करते, इसलिए अक्सर दोनों ही फ़ेल हो जाते। बकरे की बोली बोलना दोनों ने एक साथ ही सीखा था और दोनों लड़कियों के कॉलेज के चौराहे पर साथ-साथ बकरे की बोली बोलते थे। इस प्रकार दोनों की शिक्षा-दीक्षा एक-सी अच्छी हुई थी। पर एक राजकुमार था और दूसरा उसका मुसाहिब। इसी को लक्ष्य करके किसी ने कहा है—'दो फूल साथ फूले किस्मत जुदा-जुदा।'

मई का महीना है। यह परीक्षाओं के रिजल्ट खुलने का मौसम है। दोनों मित्र इस वर्ष बी.ए. की परीक्षा में बैठे हैं।

प्रभात का सुहावना समय है। अस्तभान अपने कमरे में बैठा है। पास ही मुफतलाल है। अस्तभान की गोद में चार-पाँच अखबार पड़े हैं। वह एक अखबार उठाता है और उसमें छपे सब नाम पढ़ता है। फिर आह भरकर रख देता है। तब दूसरा अखबार उठाता है। उसमें छपे हुए नाम पढ़कर एक आह के साथ उसे भी रख देता है। इस प्रकार वह सब अखबार पढ़कर रख देता है और खिड़की के बाहर देखने लगता है। मुफतलाल छत पर टकटकी लगाए बैठा है।

कमरे में बड़ी भयानक शान्ति है। शान्ति को अस्तभान भंग करता है। मुफतलाल की तरफ नजर घुमाकर कहने लगा, "मित्र, तुम पास हो गये और मैं इस बार भी फेल हो गया।"

मुफतलाल की आँखों से टपूटपू आँसू चूने लगे। वह बोला, "कुमार, मैं पास हो गया, इस ग्लानि से मैं मरा जा रहा हूँ। आपके फेल होते हुए मेरा पास हो जाना इतना बड़ा अपराध है कि इसके लिए मेरा सिर भी काटा जा सकता है। मैं अपना यह काला मुँह कहाँ छिपाऊँ? यदि हम दूसरी मंजिल पर न होते, जमीन पर होते, तो मैं कहता—हे माँ पृथ्वी, तू फट जा और मैं समा जाऊँ।"

मित्र के सच्चे पश्चात्ताप से अस्तभान का मन पिघल गया। वह अपना दुख भूल गया और उसे समझाने लगा, "मित्र, दुखी मत होवो। होनी पर किसी का वश नहीं। तुम्हारा वश चलता तो तुम मुझे छोड़कर कभी पास न होते।"

मुफतलाल कुछ स्वस्थ हुआ। अस्तभान ने अखबारों को देखा और क्रोध से उसका मुँह लाल हो गया। उसने सब अखबारों को फाड़कर टुकड़े-टुकड़े कर दिया। फिर पसीना पोंछकर बोला, "किसी अखबार में हमारा नाम नहीं छपा। ये अखबार वाले मेरे पीछे पड़े हैं। ये मेरा नाम कभी नहीं छापेंगे। भला यह भी कोई बात है कि जिसका नाम अखबार वाले

छापें, वह पास हो जाय और जिसका न छापें, वह फेल हो जाय! अब तो पास होने के लिए मुझे अपना ही अखबार निकालना पड़ेगा। तुम्हें मैं उसका सम्पादक बनाऊँगा और अब तुम मेरा नाम पहले दर्जे में छापना।"

मुफतलाल ने विनम्रता से कहा, "सो तो ठीक है, पर मेरे छाप देने से विश्वविद्यालय कैसे मानेगा?"

कुँअर ने कहा, "और इन अखबारों की बात क्यों मान लेता है?"

मुफतलाल का हँसने का मन हुआ। पर राजकुमार की बेवकूफी पर हँसना कानूनन जुर्म है, यह सोचकर उसने गम्भीरता से कहा, "कुमार, पास-फेल तो विश्वविद्यालय करता है। अखबार तो इसकी सूचना मात्र छापते हैं।"

अस्तभान अब विचार में पड़ गया। हाथों की उँगलियाँ आपस में फँस गयीं और सिर लटक गया। बड़ी देर वह इस तरह बैठा रहा। फिर एकाएक उठा और निश्चय के स्वर में बोला, "सखा, हम आत्महत्या करेंगे। चार बार हम बी.ए. में फेल हो चुके। फेल होने के बाद आत्महत्या करना वीरों का कार्य है। हम वीर-कुल के हैं। हम क्षत्रिय हैं। हम आन पर मर मिटते हैं। हमें तो पहली बार फेल होने पर ही आत्महत्या कर लेनी थी। पर हमने विश्वविद्यालय को तीन मौके और दिए। अब बहुत हो चुका। हमें आत्महत्या कर ही लेनी चाहिए। जाओ, इसका प्रबन्ध करो।"

मुफतलाल उसके तेज को देखकर सहम गया। वह चाहता था कि अस्तभान कुछ दिन और जिन्दा रहे। उसने डिप्टी कलेक्टरी के लिए दरख्वास्त दी थी और चाहता था कि अस्तभान सिफारिश कर दे। वह समझाने लगा, "कुमार, मन को इतना छोटा मत करिए। आप ऊँचे खानदान के आदमी हैं। आपके कुल में विद्या की परम्परा नहीं है। आपके पूज्य पिताजी बारहखड़ी से मुश्किल से आगे बढ़े और आपके प्रातः स्मरणीय पितामह तो अँगूठा लगाते थे। ऐसे कुल में जन्म लेकर आप बी. ए. तक पढ़े, यह कम महत्त्व की बात नहीं है। इसी बात पर आपका सार्वजनिक अभिनन्दन होना चाहिए। कुमार, पढ़ना-लिखना हम छोटे

आदमियों का काम है। हमें नौकरी करके पेट जो भरना है। पर आपकी तो पुश्तैनी जायदाद है। आप क्यों विद्या के चक्कर में पड़ते हैं?"

दुविधा पैदा हो गयी थी। ऐसे मौके पर अस्तभान हमेशा मुफतलाल की सलाह माँगता था। उसे विश्वास था कि वह उसे नेक सलाह देता है। कहने लगा, "मित्र, मैं दुविधा में पड़ गया हूँ। तू जानता है मैं तेरी सलाह मानता हूँ। जो कपड़ा तू बताता है, वह मैं पहनता हूँ। जो फिल्म तू सुझाता है, वही देखता हूँ। तू ही बता मैं क्या करूँ। मैं तो सोचता हूँ कि आत्महत्या कर ही लूँ।"

मुफतलाल ने कहा, "जी हाँ, कर लीजिए।"

अस्तभान कुछ सोचकर बोला, "या अभी न करूँ?"

मुफतलाल ने झट कहा, "जी हाँ, मत करिए। मेरा भी ऐसा ही खयाल है।"

कुँअर फिर सोचने लगा। सोचते-सोचते बोला, "एक साल और रुकूँ। अगले साल कर लूँगा। क्या कहते हो?"

मुफतलाल ने कहा, "जी हाँ, मैं भी सोचता हूँ कि अगले साल ही करिए।"

कुँअर फिर बोला, "पर फेल तो अगले साल भी होना है। अच्छा है, अभी आत्महत्या कर डालूँ।"

मुफतलाल ने कहा, "जी हाँ, जैसे तब, वैसे अब। कर ही डालिए।"

कुँअर अस्तभान बहुत प्रसन्न हुआ। उसने मुफतलाल को गले से लगाकर कहा, "मित्र, मैं इसीलिए तो तेरी कद्र करता हूँ कि तू बिल्कुल स्वतन्त्र और नेक सलाह देता है। तुझ-सा सलाहकार पाकर मैं धन्य हो गया।"

मुफतलाल सकुचा गया। कहने लगा, "हैं-हैं, यह तो कुमार की कृपा है। मैं तो बहुत छोटा आदमी हूँ। पर इतना अलबत्ता है कि जो बात आपके भले की होगी, वही कहूँगा—आपको बुरा लगे या भला। मुँह-देखी बात मैं नहीं करता।"

"मैं जानता हूँ, मैं जानता हूँ", कुँअर ने कहा। "तो अब यह तय हो गया कि हम आत्महत्या करेंगे। इसके लिए सारा प्रबन्ध तुम्हारे जिम्मे है। प्राचीन काल से लेकर अभी तक आत्महत्या के जितने तरीके अपनाए गये हैं, उन सबका अध्ययन करके, ऐसा तरीका चुनो, जो अवसर के अनुकूल हो और हमारी प्रतिष्ठा के योग्य हो।"

मुफतलाल ने सिर झुकाकर कहा, "जो आज्ञा, कुमार।' वह वहीं खड़ा-खड़ा कभी अस्तभान को देखता और कभी फर्श को। वह कुछ कहना चाहता था। उसके भीतर भावों का तूफान उठ रहा था।

उसकी यह हालत देखकर अस्तभान ने कहा, "तुम कुछ कहना चाहते हो, मुफतलाल!"

"जी", मुफतलाल ने कहा।

"तो बोलो! क्या बात है?"

मुफतलाल बोला, "कुमार, मैं भी आपके साथ चलूँगा।"

"कहाँ?"

"उस लोक में। मैं भी आत्महत्या करूँगा।"

इस स्नेह से अस्तभान का हृदय भर आया। बड़ी मुश्किल से आँसू रोककर उसने कहा, "मित्र, मैं तेरे प्रेम को जानता हूँ। पर तू आत्महत्या कैसे करेगा? तू तो पास हो गया है। तेरे लिए यह अवसर नहीं है। तूने डिप्टी कलेक्टरी की दरख्वास्त दी है। तेरे लिए आत्महत्या का मौका तब आएगा जब तेरी नौकरी नहीं लगेगी। तू तो जानता है कि कोई युवक परीक्षा में फेल होने से चाहे बच जाय, पर बेकारी से नहीं बच सकता। तू बेकारी के कारण आत्महत्या करना और मुझसे आ मिलना।"

मुफतलाल ने कहा, "सो तो ठीक है, कुमार। पर तब तक यहाँ कैसे गुजर होगी? मेरा कोई और सहारा नहीं है। मैंने आपके सिवा किसी को नहीं जाना।" वह रो पड़ा।

कुँअर की भी आँखें भर आयीं। उसने मुफतलाल को गले लगाया और कहा, "मैं जानता हूँ कि मेरे बिना तेरा जीवन दूभर हो जाएगा। मैं तेरी

गुजर-बसर के लिए कोई इन्तजाम कर जाऊँगा। डिप्टी कलेक्टरी के लिए तेरी सिफारिश भी कर जाऊँगा। लोक-सेवा-आयोग मेरी अन्तिम इच्छा अवश्य मानेगा।"

मुफतलाल इस बात से बड़ा प्रसन्न हुआ, पर प्रसन्नता को दबाकर रुआँसे स्वर में बोला, "मेरा जी यहाँ कैसे लगेगा? मैं तो आपके साथ ही चलूँगा।"

"नहीं मित्र", अस्तभान ने समझाया, "तेरे लिए यहाँ बहुत काम बाकी हैं। अभी तो तुझे मेरा स्मारक बनवाना है। तू नहीं रहा तो मेरा स्मारक कौन बनवाएगा? मेरी मृत्यु की खबर फैलते ही तुझे जगह-जगह शोकसभाएँ भी करवाना है। स्मारक के लिए तू चन्दा इकट्ठा करेगा ही; उसमें से तू कमीशन भी ले सकता है। ठेकेदारों से भी तू कमीशन बाँध सकता है। तू चाहे जितने वर्ष स्मारक का काम खींच सकता है। इस तरह तेरी जीविका की समस्या भी हल हो जाएगी और मेरा स्मारक भी बन जाएगा।"

मुफतलाल का मन कुछ हलका हुआ। आत्महत्या का प्रबन्ध करने चला गया।

अस्तभान जानता था कि आत्महत्या करने वाला चिट्ठियाँ लिखकर छोड़ जाता है। मरने वाले की प्रतिष्ठा इन्हीं चिट्ठियों पर निर्भर रहती है। कभी-कभी चिट्ठी लिखने में इतनी देर लग जाती है कि मरने वाले का मन बदल जाता है और वह इरादा त्याग देता है। यह सोच, अस्तभान जल्दी ही चिट्ठी लिखने बैठ गया। पहली चिट्ठी उसने अपने पिताजी को लिखी—

'पूज्य पिताजी,

जब यह चिट्ठी आपको मिलेगी, तब तक मैं इस असार संसार से कूच कर जाऊँगा। आपके हृदय को थोड़ा आघात अवश्य लगेगा—ऐसी मुझे आशा है। पर आप यह सोचकर शान्ति प्राप्त करेंगे कि आपके बेटे ने एक महान् उद्देश्य के लिए प्राणोत्सर्ग किया है। पिताजी, अपने कुल में विद्या

की परम्परा नहीं है। आप बारहखड़ी से आगे नहीं बढ़े और पितामह स्याही का उपयोग केवल अँगूठा लगाने के लिए करते थे। मैंने विद्या की परम्परा डालने की कोशिश की, पर मैं असफल हुआ। मेरे और आपके प्रयत्नों में कमी नहीं रही। मैंने पाठ्य-पुस्तकों को कभी नहीं छुआ और न कक्षा में अध्यापकों की बातें कान पर धरीं। मैंने केवल उन नोट्स और कुंजियों का अध्ययन किया जो 'एन एक्सपीरिएन्स्ड प्रोफेसर' और 'एक गोल्ड मेडेलिस्ट' लिखते हैं। मैंने इनमें इतना मन लगाया कि परीक्षा-कापी में मैंने लिखा कि 'जूलियस सीजर' नाटक का लेखक 'एन एक्सपीरिएन्स्ड प्रोफेसर' है और 'विनयपत्रिका' 'एक गोल्ड मेडेलिस्ट' ने लिखी है। गोल्डस्मिथ के बारे में मैंने लिखा कि वह भी गोल्ड मेडेलिस्ट था और कुंजियाँ लिखता था। मैंने इतने अच्छे-अच्छे और सही उत्तर लिखे, पर परीक्षक कहते कि ये गलत हैं। मैंने प्रश्नपत्र 'आउट' करने की भी कोशिश की और कुछ अंशों में सफल भी हो गया। फिर मैंने विश्वविद्यालय से कोरी परीक्षाकापियाँ चुराने की भी कोशिश की, पर पकड़ लिया गया। तब आपने मामले को दबवाया। परीक्षा में मैंने भरसक नकल भी की। परीक्षा के बाद परीक्षकों को नम्बर बढ़ाने के लिए आपने मनमाना रुपया भी दिया। कुछ ने नम्बर बढ़ाए, कुछ रुपया खा गये पर नम्बर नहीं बढ़ाए और कुछ तो ऐसे निकले कि साफ इन्कार कर गये। इन्हीं के कारण मैं फेल हो गया। मेरी और आपकी सारी कोशिशें बेकार गयीं। हमारे वीर-कुल के लिए यह बड़ी लज्जा की बात है। मुझसे आठवीं पीढ़ी में हमारे एक पूर्वज एक लड़ाई में हार गये थे, तो उन्होंने आत्महत्या कर ली थी। मैं भी विद्या के क्षेत्र में हार गया। मैं अपने उस यशस्वी पूर्वज का अनुसरण कर रहा हूँ।

मैं आपकी कोई सेवा नहीं कर सका। अन्तिम समय आपको एक भेंट देना चाहता हूँ। मेरे कमरे की आलमारी में 100 साल पुरानी शराब रखी है, जो मैंने जंगल मुहकमे के फरनेंडीज साहब के मारफत मँगाई थी। यह बहुत बढ़िया शराब है। इसे आप मेरी तुच्छ भेंट के रूप में स्वीकारें। इसे

पीकर आप-मेरा दुख भूल जाएँगे।

अच्छा, अब मुझे आशीर्वाद दें कि उस लोक में पढ़ाई के झँझट से मुझे मुक्त रखा जाय।

विदा!

आपका अभागा बेटा

अस्तभान।

पुनश्च :

आपने मेरी मित्र मिस सुरमादेवी से मेलजोल बढ़ाना चाहा था जो मैंने नहीं बढ़ने दिया। अब आप बढ़ा सकते हैं।

—अस्तभान।'

इसके बाद अस्तभान ने अखबारों के लिए एक बयान लिखा जिसमें अपनी मृत्यु के कारणों पर प्रकाश डाला। उस युग की सामाजिक परिस्थितियों पर इस वक्तव्य से अच्छा प्रकाश पड़ता है—

'...मैं इस दुनिया से बहुत दूर चला गया हूँ, जहाँ, ऐ दुनिया वालों! तुम्हारा अन्याय मुझे नहीं छू सकता। पर मैं पूछता हूँ कि क्या तुमने मेरे साथ अच्छा सलूक किया? मैं चाहे जितना पैसा खर्च कर सकता था, और बदले में एक छोटी-सी चीज चाहता था—बी.ए. की डिग्री, जो लाखों को हर साल मुफ्त मिल जाती है। मैं विश्वविद्यालय से पूछता हूँ कि यह कहाँ का न्याय है कि जिन्हें दोनों जून खाने को नहीं मिलता उन्हें तो डिग्री मिल जाती है, और हम फेल हो जाते हैं। हमें, जिन्हें बिना परीक्षा के ही डिग्री दे देनी चाहिए, एक-एक नम्बर के लिए दर-दर भटकना पड़े, और जिनके पास फूटी कौड़ी नहीं है, वे घर बैठे नम्बर पा जाएँ। घोर अन्याय है।

मैं जानता हूँ कि ऊँचे खानदानों के हजारों युवक यह अन्याय सहते हैं और चुप रहते हैं। मैं उन्हें धिक्कारता हूँ। मेरी नसों में वीर-कुल का

रक्त बहता है, इसलिए मैं इस अन्याय के विरोध में आत्महत्या कर रहा हूँ। मेरे बलिदान से लोगों की आँखें खुलें और वे आगामी पीढ़ियों के लिए न्यायोचित व्यवस्था करें।

मैं इस सम्बन्ध में निम्नलिखित सुझाव देता हूँ जिन पर विश्वविद्यालयों की एकेडेमिक कौंसिल विचार करे—

(1) एक खास आमदनी के ऊपर वालों के पुत्र-पुत्रियों को बिना परीक्षा लिए सम्मानपूर्ण डिग्रियाँ दे देने की व्यवस्था हो।

(2) प्रति पेपर जो एक खास रकम दे सके, उसे उस पेपर में नकल करने का सुभीता दिया जाय। इसके लिए उस विषय के जानकार प्रोफेसरों को नकल कराने का काम सौंपा जाय और उन्हें इसका अलग अलाउन्स मिले।

(3) जिस तरह बाजार में और चीजें बिकती हैं, उसी तरह नम्बर भी बिकें और जिसमें सामर्थ्य हो वह नम्बर खरीद ले।

अभी जो चल रहा है, वह बड़ा गलत है। सब धान बाईस पसेरी तौला जाता है जिसमें कितने ही होनहार युवकों का जीवन नष्ट हो जाता है।

मुझे विश्वास है कि मेरा बलिदान व्यर्थ नहीं जाएगा और विद्या के क्षेत्र में न्याय की प्रतिष्ठा होगी।

दः कुँअर अस्तभानसिंह।'*

अस्तभान थककर लेट गया। थोड़ी देर बाद मुफतलाल आया। उसने कहा, "कुमार, आत्महत्या के सम्बन्ध में मैंने जो खोज-बीन की है, उससे इस निष्कर्ष पर पहुँचा हूँ कि आपको पानी में डूबकर आत्महत्या करनी चाहिए। परीक्षा और प्रेम में फेल होने वाले जल-समाधि लेते हैं। साधारण आदमी तो चुल्लू-भर पानी में डूबकर मर जाता है, पर आप जैसे महान्

---

* ये दोनों पत्र अपने मूल रूप मे अन-नेशनल लाइब्रेरी में अभी तक सुरक्षित थे। उक्त लाइब्रेरी के लाइब्रेरियन ने केवल 500 रु. में ये पत्र चुराकर लेखक को दे दिये। लेखक उनके प्रति आभारी है।

व्यक्ति को अधिक पानी चाहिए। आपको भेड़ाघाट के जलप्रपात में कूदकर प्राण त्यागना चाहिए। मैंने नौकरों को हुक्म दे दिया है कि घाट पर कैम्प लगाएँ और आवश्यक सामान वहाँ पहुँचाएँ। कल सुबह हम लोग वहाँ चलें और तीसरे पहर आप आत्महत्या कर लें।'

अस्तभान को योजना पसन्द आयी वह तैयारी के सम्बन्ध में मुफतलाल से बात करने लगा। फिर उसने पत्र और वक्तव्य मुफतलाल को सौंपे।

वह बुरी तरह थक गया था। जम्हाई लेकर कहा, "मित्र, मैं बहुत थक गया हूँ। रात को अच्छी नींद भी नहीं आयी। माथा भारी है। मैं जरा सो लूँ। वरना तबियत खराब हो गयी तो कार्यक्रम टालना पड़ेगा।"

मुफतलाल उठ बैठा। प्रणाम करके चला। सोचता जाता था कि ऐसी शान्ति सन्तों के लिए भी ईर्ष्या की वस्तु है। कल आत्महत्या करनी है और आज किस शान्ति की नींद ले रहे हैं! धन्य हो, राजकुमार! महापुरुष ऐसे ही होते हैं।

टूटना प्रेम राजकुमारी नागफनी का और करना तैयारी आत्महत्या की

पड़ोसी राज्य के राजा राखडसिंह की बेटी राजकुमारी नागफनी पलँग पर हताश पड़ी है। दासियाँ पंखा झुला रही हैं। राजकुमारी की आँखों से आँसू निकल रहे हैं। दाएँ-बाएँ दो दासियाँ पाउडर का डिब्बा लिये खड़ी हैं। ज्योंही आँसू निकलता है, दासी उसे पोंछकर पाउडर छिड़क देती हैं।

राजकुमारी का सिर गोद में लिए उसकी सखी करेलामुखी बैठी है। पाठकों, करेलामुखी का नाम निरर्थक नहीं है। बचपन में जब उसकी बोली पहली बार फूटी तो पहला शब्द उसके मुँह से गाली का निकला। यह देखकर उसके माता-पिता ने उसका नाम करेलामुखी रख दिया।

करेलामुखी नागफनी के सिर पर हाथ फेरती हुई, उसे समझा रही है, 'राजकुमारी, धीरज रखो।"

नागफनी ने सिसकेते हुए कहा, "कैसे धीरज रखूँ? तू ही बता सखि! आज पाँचवीं बार मेरा प्रेम टूटा है। कितने आघात मेरे हृदय ने सहे हैं! अब तो मैं प्रेम करते-करते थक गयी हूँ।'

करेलामुखी ने कहा, "राजकुमारी, प्रेम का पथ काँटों से भरा ही है। इससे क्या घबड़ाना? हर घाव का मरहम होता है। एक प्रेम का घाव भी दूसरे प्रेम के मरहम से भर आता है।"

नागफनी बोली, "नहीं, मेरे घाव नहीं भर सकते। एक घाव सूखता

नहीं है कि दूसरा हो जाता है। मेरी किस्मत ही खराब है। मेरे देखते-देखते ही कितनी लड़कियों ने प्रेम किया और उनका प्रेम सफल भी हुआ। उनके प्रेमियों ने या तो उनसे विवाह कर लिया या आत्महत्या कर ली। उस भानमती को ही देखो—न अच्छी साड़ियाँ हैं उसके पास और न ठीक से मेक-अप करती है, पर उसके प्रेमी ने उससे विवाह कर लिया। जूही के प्रेम में अभी तक दो आदमी आत्महत्या कर चुके हैं। एक मैं अभागिन हूँ जिसने पाँच से प्रेम किया, पर एक भी न विवाह करने को तैयार हुआ और न आत्महत्या करने को। सब ने किसी और से शादी कर ली। अब मैं क्या करूँ? मैं ऊँचे कुल की कुमारी हूँ। मेरे कुल की नारियाँ पुराने जमाने से हँसते-हँसते आग में कूद जाती थीं। मुझे तो पहला प्रेम टूटने पर ही आत्महत्या कर लेनी थी। पर मैंने धैर्य धारण किया। अब मैं हार गयी हूँ। अब तो मैं आत्महत्या करूँगी।"

यह सुनकर करेलामुखी काँप उठी। समझाने लगी, "राजकुमारी, इतनी उतावली मत करो। जैसे पाँच वैसे छः। एक 'ट्रायल' और करो। कल शाम को नगर-सेठ का लड़का उड़ाऊमल तुमसे मिलने आने वाला है। तुम उससे प्रेम करो। उसके रंग-ढंग से मालूम होता है कि वह या तो शादी कर लेगा या आत्महत्या।"

नागफनी हठ करने लगी। उसने कहा, "नहीं, नये प्रेम के लिए मुझमें उत्साह ही नहीं रहा। अब सिर्फ मर जाने का उत्साह मेरे मन में है।"

करेलामुखी समझाकर हार गयी, पर नागफनी अपने निश्चय पर अटल रही। और क्यों न रहे? आन-बान वाले कुल की थी।

बड़ी शान्ति से उसने करेलामुखी से कहा, "सखि, तू आत्महत्या के प्रकारों की खोज-बीन करके यह बता कि किस प्रकार आत्महत्या करना मेरे कुल की प्रतिष्ठा के अनुकूल होगा। सारा प्रबन्ध भी तुझे ही करना है।"

करेलामुखी बहुत दुखी थी। वह एक आह के साथ उठी और प्रबन्ध करने चली गयी।

इधर नागफनी अन्तिम चिट्ठियाँ लिखने बैठ गयी। उसने एक चिट्ठी अपनी माँ को लिखी–

'माँ,

मैं तुम्हें छोड़कर सदा के लिए जा रही हूँ। मैं जीवन से निराश हो गयी हूँ। आज मुझे पाँचवें प्रेमी ने धोखा दे दिया। मैंने पाँच बार प्रेम किया, पर किसी प्रेमी ने न मुझसे शादी की, न आत्महत्या की। मुझे धिक्कार है। मैं तुम्हारी बेटी कहलाने योग्य नहीं हूँ। तुम मुझे क्षमा करना।

तुम्हारी अभागिन बेटी,
'नागफनी।'

इसके बाद उसने अपनी आत्महत्या के सम्बन्ध में अखबारों के लिए एक वक्तव्य तैयार किया। यह वक्तव्य प्रेमियों के नाम खुली चिट्ठी के रूप में था। वह नीचे दिया जाता है–

मेरे भूतपूर्व प्रेमियों,

मैं तुम लोगों के कारण जान दे रही हूँ। यदि तुम लोगों में तनिक भी राजभक्ति होती, तो तुममें से कोई एक प्राण देकर मुझे बचा सकता था। पर तुम सब कायर हो। न जाने इस देश के युवकों को क्या हो गया है? एक वह जमाना था कि एक राजकुमारी के लिए सैकड़ों युवक प्राण देने को तैयार रहते थे और अब मुझे एक मरने वाले का टोटा पड़ रहा है। यह देश कहाँ जा रहा है! इस देश का कितना पतन हो गया! मेरे पिता के पास इतना धन है, ऐश्वर्य है। मैं इतने बड़े बाप की बेटी हूँ। मैं एक छोटी-सी चीज चाहती थी–एक आदमी की जान और तुम लोगों की जान इतनी महँगी नहीं है। अगर तुममें से कोई आत्महत्या कर लेता तो मैं अपना प्रेम सफल समझती। आत्महत्या नहीं कर सकते थे तो शादी कर

सकते थे। तुमसे कुछ नहीं हुआ।

मैं तो जा रही हूँ पर मैं अपनी बहिनों को सावधान करती हूँ कि जब तक कोई पुरुष आत्महत्या या विवाह करने का वादा न करे, उससे प्रेम न करें।

दः नागफनी देवी।'

अब उसने आलमारी खोलकर अपने प्रेमियों के पत्र निकाले और उन्हें जला दिया।

इसके बाद उसने अपने प्रेमपत्रों की नकलें और प्रेमियों के पत्र निकाले। उसने अपनी डायरी पूरी की और पत्रों तथा डायरी को कागज में लपेटकर बाँधा और ऊपर राज्य के एक प्रसिद्ध लेखक का नाम लिखा। इस लेखक के नाम भी उसने एक पत्र लिखा—

'मेरे प्रिय लेखक,

मैं प्रेम में विफल होकर आत्महत्या कर रही हूँ।

मैंने तुम्हारे उपन्यास और कहानियाँ पढ़े हैं और पसन्द किये हैं। मैंने देखा है कि तुम्हें सेनेटोरियम में पड़ी हुई या आत्महत्या करने वाली प्रेमिका अपने पत्र और डायरी भेज देती है और तुम उन पर से कहानी या उपन्यास लिख देते हो। मुझे समझ में नहीं आता कि ये लोग तुम्हें यह सामग्री क्यों भेजती हैं। जहाँ तक मुझे मालूम है, राज्य की ओर से ऐसा कोई आदेश नहीं है। मैं सोचती हूँ, परम्परा के कारण ही ऐसा होता है। तुम्हारा दो सालों से कोई उपन्यास नहीं छपा। कारण यह मालूम होता है कि तुम्हें इस बीच किसी निराश प्रेमिका ने चिट्ठियाँ और डायरी नहीं भेजीं। मुझे तुम पर दया आती है। तुम जैसा अच्छा लेखक प्रेमिकाओं की चिट्ठियों के अभाव में मर रहा है। साहित्य की हानि होते मैं नहीं देख सकती। इसलिए ये चिट्ठियाँ और डायरी तुम्हें भेज रही हूँ। इनसे तुम एक उपन्यास और 10-12 कहानियाँ लिख सकते हो।

तुम बहुत स्थिरमति लेखक हो। जो लाइन पकड़ लेते हो, पकड़े रहते हो। वसंतपुर के सेनेटोरियम में, जिसे खुले पाँच वर्ष हुए हैं, अभी तक कुल 37 निराश प्रेमिकाएँ भरती हुई हैं। पर मैंने हिसाब लगाया है कि तुमने अपनी कहानियों में 73 को वहाँ भेजा है। उक्त 37 में से 25 बच गयीं और सिर्फ 12 मरीं। पर तुम्हारी कहानियों की सब नायिकाएँ मर गयीं। तुम्हें न जाने कहाँ से ये आँकड़े मिल जाते हैं?

जो हो, लो यह सामग्री सँभालो और इसका उपयोग करो।

तुम्हारा भविष्य उज्ज्वल हो।

तुम्हारी प्रशंसिका—
नागफनी।'*

करेलामुखी बड़ी व्यस्त-सी आयी। कहने लगी, "राजकुमारी, मैंने आत्महत्या की प्राचीन और नवीन विधियों का अध्ययन किया है। पुराने जमाने में आग में कूदने की प्रथा थी। अब भी कुछ स्त्रियाँ कपड़ों पर तेल डालकर आग लगा लेती हैं। फाँसी लगाने और जहर खाने की प्रथा भी है। अधिक भावुक स्त्रियाँ तो दूसरी स्त्री के अच्छे कपड़े और जेवर देखकर ही प्राण त्याग देती हैं। उस दिन नगर सेठ की लड़की बढ़िया साड़ी और गहने पहनकर निकली तो व्यापारी मुहल्ले में, जहाँ से वह निकलती, लाशें बिछ जातीं। पर तुम इतनी भावुक नहीं हो और न किसी स्त्री के पास ऐसी चीज हो सकती है जिसे देख कर तुम ईर्ष्या करो—हाँ पति को छोड़कर। तुम्हें जल समाधि लेनी चाहिए। निराश प्रेमिकाएँ भेड़ाघाट के जलप्रपात में कूदकर आत्महत्या करती हैं। तुम भी कल प्रातःकाल वहाँ चलकर घाट पर डेरा डालो और तीसरे पहर तक जल में प्राण विसर्जित करो।"

---

* जैसा कि आगे के अध्यायों से प्रकट होगा, वह सामग्री उक्त लेखक को नहीं मिल सकी और उपन्यास नहीं लिखा जा सका।

—लेखक।

भेड़ाघाट का नाम सुनकर नागफनी काँप उठी। कहने लगी, "सखि, वहाँ तो बड़ा गहरा पानी है। मुझे डर लगता है।"

करेलामुखी ने आश्वस्त किया, "नहीं, डर की कोई बात नहीं। गर्मी की ऋतु में वहाँ पानी काफी कम हो जाता है।"

नागफनी का मन कुछ शान्त हुआ। उसने करेलामुखी से कहा, "सखि, मेरा सब काम पूरा हो चुका। ये चिट्ठियाँ और यह पुलिंदा, दोनों को मेरी मृत्यु के बाद यथास्थान पहुँचा देना।"

करेलामुखी ने सब सामग्री ले ली। राजकुमारी ने उसे जाकर प्रबन्ध करने का आदेश दिया।

पर करेलामुखी मूर्ति की तरह वहीं खड़ी रही और उसकी आँखों से टपूटप् आँसू टपकने लगे। नागफनी ने यह देखा तो उससे लिपट गयी। दोनों सखियाँ बड़ी देर तक 'सावन-भादों के रूप' रोती रहीं। करेलामुखी ने रोते-रोते कहा, "राजकुमारी, मैं तुम्हारे साथ चलूँगी।"

"नहीं", नागफनी बोली, "नहीं मेरी प्यारी करेलामुखी, तेरे मरने का कोई कारण नहीं है। अभी तो तूने किसी से प्रेम ही नहीं किया है। मेरे प्रेम में व्यस्त रहने के कारण तुझे अपना प्रेम करने का समय ही नहीं मिला। अब तू मन लगा कर प्रेम करना। यदि तेरा विवाह हो सका, तो मेरी आत्मा को उस लोक में बड़ी शान्ति मिलेगी।"

करेलामुखी ने कहा, "राजकुमारी, मुझे साथ ले चलो। यदि तुम्हारा विवाह होता तो राजा साहब दहेज के साथ मुझे भी तुम्हारे साथ भेज देते। जब तुम इतनी दूर जा रही हो, तब क्या मुझे तुम्हारे साथ नहीं चलना चाहिए?"

नागफनी ने कहा, "नहीं, यह बात दूसरी है और मैं वहाँ बहुत दिन नहीं रहूँगी। वहाँ आत्मा की हर इच्छा ईश्वर पूरी करते हैं। मैं उनसे वर माँगूँगी कि मुझे पुरुष बनाकर पृथ्वी पर भेजें और मेरे उन धोखेबाज प्रेमियों को स्त्री बनाएँ। मैं उन पाँचों से शादी करूँगी और उन्हें खूब कष्ट दूँगी।'

करेलामुखी को यह बात पटी नहीं। उसने कहा, "राजकुमारी, ऐसी

गलती मत करना। पाँच स्त्रियों का पति खुद ही कष्ट भुगतता है। भूल कर भी ऐसा वर न माँगना। इसके बदले तुम यह वर माँगना कि उन पाँचों की स्त्रियाँ खूब लड़ें और चैन न लेने दें।"

नागफनी ने कहा, "अच्छा, ऐसा ही सही। पर तू साथ चलने का हठ मत कर।"

करेलामुखी के फिर आँसू टपकने लगे। कहने लगी, "पर मेरा अब कौन सहारा है?"

नागफनी ने उसकी पीठ पर हाथ फेरते हुए कहा, "घबड़ा मत। मैं तेरा इन्तजाम कर जाऊँगी। मैं तुझे इतना धन दे जाऊँगी कि तुझे कभी कोई कमी नहीं रहेगी। पगली, धन से बड़ा संगी और मित्र कोई नहीं है। तेरे पास धन रहेगा तो चार स्त्रियाँ तेरे ही आगे-पीछे फिरेंगी। अच्छा, अब तू जाकर आत्महत्या का प्रबन्ध कर। मैं जरा आराम कर लूँ।"

करेलामुखी अपने भविष्य के बारे में आश्वस्त होकर प्रबन्ध करने चली गयी। नागफनी आराम करने लगी।

मिलना नागफनी और अस्तभान का और मचलना मन का

भरतखंड के मध्य में परम-पावन, पाप-विनाशिनी नर्मदा नदी बहती है, जो भारत माता की करधनी की तरह सुशोभित है। पुराणों में नर्मदा का बड़ा माहात्म्य गाया गया है। वह गंगा से भी अधिक महिमामयी बताई गयी है। नर्मदा अमरकंटक के पर्वतों से निकलकर खम्भात की खाड़ी में गिरती है। इसक किनारे कई सुन्दर नगर और घाट हैं।

नर्मदा में भेड़ाघाट नामक स्थान पर बड़ा भारी जलप्रपात है। लगभग 40 फीट ऊपर से पानी नीचे एक कुंड में गिरता है। सयाने लोग जब अपने जमाने के सस्ते गेहूँ की बात करते हैं तब यह भी कहते हैं कि हमारे जमाने में यहाँ पानी 100 फीट ऊपर से गिरता था। अब जमाना खराब आ गया, इसलिए कम ऊँचाई से गिरता है।

पानी के गिरने से जलकण हवा में तैरते रहते हैं और धुआँ सरीखा छाया रहता है। उसे देख ऐसा लगता है, मानो किसी विधान-सभा के सदस्य एक-दूसरे पर धूल फेंक रहे हों।

भेड़ाघाट का दो कारणों से बड़ा महत्त्व है—(1) इसके पास ही एक बड़ा नगर है जहाँ देश-विदेश से पर्यटक और नेता आते रहते हैं। इन लोगों की नजरों से शहर की गन्दगी और सड़कों के गढ़े छिपाने के लिए इन्हें एकदम भेड़ाघाट दिखाने ले जाते हैं और शाम तक वहाँ बहलाकर रात की

गाड़ी से रवाना कर देते हैं। प्रकृति का ऊबड़-खाबड़पन खूबसूरती माना जाता है; बड़े मनुष्य का ऊबड़-खाबड़पन गन्दगी। (2) यह आत्महत्या करने के लिए बड़ा सुन्दर स्थान है और यहाँ दूर-दूर से आत्महत्या के इच्छुक आते हैं। सरकार के आत्महत्या-विभाग ने इस स्थल को तीन प्रकार की आत्महत्याओं के लिए निश्चित किया है—परीक्षा में फेल होना, प्रेम में विफल होना और बेकारी, बीमारी, मुकदमा, बिना ब्याह माँ बनना, पति या पत्नी की बेवफाई आदि कारणों से आत्महत्या करने के लिए दूसरे स्थान निश्चित किए गये हैं।

सरकार के आत्महत्या-विभाग ने यहाँ बड़ा अच्छा प्रबन्ध किया है। जितना ध्यान सरकार पर्यटकों को इस सौन्दर्य-स्थली के प्रति आकर्षित करने पर देती है, उतना ही आत्महत्या करने वालों की सुविधा पर।

यहाँ आत्महत्या-विभाग की ओर से एक दफ्तर खुला है, जिसमें आत्महत्या अधिकारी बैठता है। इसके मातहत कई कर्मचारी कार्य करते हैं। मरने वालों को पहले दफ्तर में जाकर अपना नाम, पता, कारण आदि दर्ज कराने पड़ते हैं। उसे एक टिकट मिलती है जिस पर उनका नम्बर लिखा रहता है। वह टिकट लेकर तैयार हो जाता है और ज्योंही घाट पर खड़ा आत्महत्या-इंस्पेक्टर उसका नम्बर पुकारता है, वह कुंड में कूद पड़ता है। यदि किसी का साहस अन्तिम क्षणों में ढीला पड़ जाय तो वह सरकारी कर्मचारियों से सहायता माँगने का अधिकारी है। उसके कहने पर कर्मचारी उसे उठाकर कुंड में डाल देता है।

इसी दफ्तर से लगा हुआ आँकड़ा-विभाग का दफ्तर है जो प्रतिदिन के आँकड़े निकालकर प्रधान कार्यालय को भेजता है। राज्य आँकड़ों पर बहुत ध्यान देता है। राज्य के आधे कर्मचारी काम करते हैं और शेष आधे बैठे आँकड़े निकालते रहते हैं। राज्य के आँकड़े सारे संसार में प्रसिद्ध हैं।

डाक-विभाग ने यहाँ एक डाकघर भी खोल दिया है जिससे मरने वाले को अन्तिम पत्र लिखने का सुभीता हो।

नौकरी देने के दफ्तर (Employment Exchange) से दिन में

तीन बार सरकारी बसें यहाँ आती हैं, जो उन लोगों को निःशुल्क आत्महत्या करने के लिए पहुँचा देती हैं जिन्हें नौकरी नहीं मिलती। वे सरकारी बस में आकर बैठ जाते हैं और यहाँ पहुँचा दिए जाते हैं। ये बसें बहुत सुन्दर हैं। इन्हें विशेष रूप से सजाया जाता है। रोज ताजे फूलों की मालाएँ इन पर डाली जाती हैं और रंगबिरंगी झंडियाँ इन पर पड़ती हैं। इस प्रकार की बसें रिजल्ट निकलने के मौसम में विश्वविद्यालय भी चलाता है।

आत्महत्या का ऐसा अच्छा प्रबन्ध किसी राज्य में नहीं है और अनेक देशों के प्रतिनिधि-मंडल इस व्यवस्था का अध्ययन करने यहाँ आते रहते हैं।

इस मौसम में यहाँ बड़ी भीड़ रहती है। यही समय परीक्षाओं के रिजल्ट खुलने का है और इन्हीं दिनों विवाह भी होते हैं। जो विद्यार्थी फेल होते हैं और जिन तरुण-तरुणियों का प्रेम विफल हो जाता है; अर्थात् प्रेमी या प्रेमिका से विवाह नहीं हो पाता, वे यहाँ आत्महत्या करने आ जाते हैं। कुछ युगल, जिनका विवाह माता-पिता या समाज नहीं होने देते, वे यहाँ जोड़े से आत्महत्या करने आते हैं। कुछ सयानों ने उन्हें यह विश्वास दिलाया है कि उस लोक में प्रेमी-प्रेमिका के विवाह में कोई बाधा नहीं है। ये सयाने उस लोक जाकर अपनी आँखों से देख आये हैं कि प्रेमी युगल विवाह करके बड़े आनन्द में वहाँ रहते हैं। इसी विश्वास के कारण जब प्रेमी युगल आत्महत्या करते हैं तो उन्हें ऐसा लगता है कि वे इस शहर को छोड़कर, उस शहर जा रहे हैं।

इस साल भीड़ अधिक है क्योंकि रिजल्ट बहुत ख़राब निकले हैं। विश्वविद्यालयों की एक जाँच-समिति बैठी थी जिसने उन कारणों का खोज की है जिनसे पढ़ाई का स्तर नीचा होता जा रहा है। उसकी सिफारिशों में से एक महत्त्वपूर्ण सिफारिश यह है कि अध्यापकों का वेतन और कम करना चाहिए तथा जिन्हें कहीं और नौकरी न मिले, उन्हीं को अध्यापक बनाना चाहिए। जब सब जगह अयोग्य ठहराया गया आदमी अध्यापक

बनेगा और उसे वेतन भी बहुत कम मिलेगा, तो वह अपने काम को सेवा और त्याग की भावना से करेगा और शिक्षा का स्तर बढ़ जाएगा। समिति की एक सिफारिश यह भी है कि प्रश्नपत्र वर्ष के आरम्भ में ही विद्यार्थियों को देने चाहिए। ऐसा करने से वे मन लगाकर पढ़ेंगे क्योंकि वे जानते हैं कि यही प्रश्न परीक्षा में पूछे जाएँगे। अभी वे मन लगाकर इसलिए नहीं पढ़ते कि उन्हें क्या पता परीक्षा में क्या आ जाय। ऐसी अनिश्चितता में कोई कैसे पढ़ेगा? अँधेरे में पत्थर फेंकने से क्या लाभ? सरकार इन महत्त्वपूर्ण सिफारिशों को कार्यान्वित करने का इरादा कर रही है।

प्रेम की विफलता के कारणों की जाँच करने के लिए भी सरकार ने एक समिति बिठाई थी जिसने दो साल तक सब परिस्थितियों का अध्ययन करके यह सिफारिश की है कि चूँकि प्रेम इसलिए टूटता है कि प्रेम होता है, इसलिए प्रेम होने नहीं देना चाहिए। जब प्रेम ही नहीं होगा तो प्रेम विफल भी नहीं होगा। इसके लिए स्कूल-कॉलेजों में लड़के-लड़कियों को परस्पर घृणा करना सिखाना चाहिए। लड़के-लड़की में कभी सम्पर्क नहीं होने देना चाहिए। सरकार को कड़े कानून बनाने चाहिए जिनके अनुसार एक-दूसरे को देखने वाले और नजदीक आने की कोशिश करने वाले लड़के-लड़की को कठोर दंड मिले। विवाह-सम्बन्ध माता-पिता को तय करना चाहिए और जो लड़का या लड़की सम्बन्ध का विरोध करे, उसे प्राणदंड मिलना चाहिए। कुछ ऐसा प्रबन्ध करना चाहिए जिससे विवाह होने के बाद ही युवक और युवती यह जान पावें कि मनुष्य जाति में ही हमसे भिन्न प्रकार का एक प्राणी होता है। यह सिफारिशें भी सरकार लागू करने वाली है और आशा है कि इससे सारी समस्याएँ हल हो जाएँगी।

घाट पर कुँअर अस्तभान का तम्बू लगा है। अस्तभान को टिकट मिल गया है और वह आराम से बैठा हुआ अपना नम्बर पुकारे जाने की राह देख रहा है। उसके पास उसके कुछ सहपाठी और मित्र बैठे हैं। मुफतलाल छाया की तरह अस्तभान के साथ है और अस्तभान को डर है कि कहीं वह उसके पीछे नदी में कूद न पड़े। उसने दो सेवकों को आदेश दे रखा

है कि जब मैं कूदूँ तब मुफतलाल को तुम लोग पकड़कर बाँध देना।

अस्तभान ने अपने पास बैठे सहपाठी विद्यादमन से पूछा, “तुम किस विषय में फ़ेल हो गये?”

“इतिहास और अंग्रेजी में।”

“इतिहास में कितने नम्बर मिले?”

“सौ में से पन्द्रह दिए।”

“और अंग्रेजी में?”

‘डेढ़ सौ में से ग्यारह दिए।’

पाठकों, यहाँ एक बात ध्यान देने की है। अस्तभान पूछ रहा है—‘कितने मिले?’ और विद्यादमन उत्तर देता है—‘इतने दिए।’ वह यह नहीं कहता कि ‘पन्द्रह मिले।’ बात विचारणीय है। विचार-पद्धति का प्रभाव अनजाने ही भाषा पर पड़ जाता है। जब विद्यार्थी कहता है कि उसे ‘पन्द्रह दिए’, उसका अर्थ है कि उसे ‘पन्द्रह नम्बर’ मिले नहीं हैं, परीक्षक द्वारा दिए गये हैं। मिलने के लिए तो उसे पूरे नम्बर मिलने थे। पर पन्द्रह नम्बर जो उसके नाम पर चढ़े हैं, सो सब परीक्षक का अपराध है। उसने उत्तर तो ऐसे लिखे थे कि उसे शत-प्रतिशत नम्बर मिलने थे, पर परीक्षक बेईमान हैं जो इतने कम नम्बर देते हैं। इसीलिए, कम नम्बर पाने वाला विद्यार्थी, ‘मिले’ की जगह ‘दिए’ का प्रयोग करता है।

अस्तभान ने दूसरे साथी ज्ञानरिपु से पूछा, “तुम किस पेपर में फेल हुए?”

“अन्तिम पेपर में।”

“याने अर्थशास्त्र में?”

ज्ञानरिपु ने अपनी बात को समझाकर कहा, “अर्थशास्त्र का अन्तिम पेपर नहीं है। जितने पेपर विश्वविद्यालय की विवरण-पत्रिका में लिखे हैं, उनके बाद भी एक पेपर होता है जो सबसे महत्त्वपूर्ण है, पर जिसका कहीं उल्लेख नहीं है। इस पेपर का विषय होता है—यह पता लगाना कि किस विषय की उत्तर-कापियाँ किसके पास जँचने गयी हैं, और फिर उनसे

नम्बर बढ़वाना। जो इस पेपर में पास हो जाता है, वह सबमें पास हो जाता है। मैं इसी में फेल हो गया, कुमार।'

इतना कहकर ज्ञानरिपु एकदम उठकर घाट की ओर भागा। उसका नम्बर पुकारा जा रहा था।

मुफतलाल ने कहा, "कुमार, आप भी तैयार हो जाएँ। आपका नम्बर आने में देर नहीं है।"

अस्तभान तम्बू के भीतर नये कपड़े पहनने और शृंगार करने चला गया।

लगभग 100 गज की दूरी पर राजकुमारी नागफनी का तम्बू लगा था। राजकुमारी बड़ी देर से भीतर मेक-अप कर रही थी।

मेक-अप पूरा हो जाने पर वह बाहर आयी। उसने चारों ओर देखा। वहाँ हलचल मच गयी। आत्महत्या के लिए उतावले सैकड़ों युवक उसकी ओर लालसा से देखने लगे। कितने ही उसके नजदीक सिमट आये। नागफनी अपने रूप का प्रभाव देखकर बहुत प्रसन्न हुई। उसे विश्वास हो गया कि उस लोक में वह उर्वशी और मेनका को उनके आसन से उतार देगी।

इसी समय अस्तभान भी सजकर आया और चारों तरफ देखने लगा। चलते-चलते उसकी नजर नागफनी पर पड़ी। नागफनी ने भी अनायास उधर दृष्टि घुमाई और दोनों की आँखें मिल गयीं।

अब तो आँखों से आँखों की बातें होने लगीं। नागफनी सुध-बुध खो बैठी। उसका पल्ला अनजाने ही खिसक गया। अस्तभान भी पुलकित हो गया।

बड़ी देर दोनों इस प्रकार खड़े रहे। अस्तभान को तब होश आया जब उसे मुफतलाल ने आकर झकझोरा। अस्तभान ने पूछा "मुफतलाल, वह कौन है?" मुस्कुराकर कहा, "कुमार, वह राजा राखड़ सिंह की बेटी राजकुमारी नागफनी देवी है।"

अस्तभान बोला, "अहा, यह वही नागफनी है जिसके रूप-गुण की प्रशंसा मैं सुनता आ रहा हूँ! मित्र, यह रूपवती किस परीक्षा में फेल हुई है?"

मुफतलाल ने कहा, "राजकुमार, यह परीक्षा में फेल नहीं हुई, प्रेम में विफल हुई है।"

कुमार फिर नागफनी को देखने लगा। मुफतलाल ताड़ गया कि वह अपना हृदय खो चुका है। कहने लगा, "कुमार, मैं समझ गया कि मन से मन का मेल हो गया। मैं जाता हूँ और मिलने का ढब जमाता हूँ।"

मुफतलाल नागफनी के डेरे की ओर चला।

उधर नागफनी की सुध जब लौटी, तो उसने देखा कि करेलामुखी उसका पल्ला सँभाल रही है। वह सकुचा गयी। करेलामुखी ने हँसते हुए कहा, "ऐसी सुध-बुध नहीं खोते, राजकुमारी। सुध-बुध खोने से शकुन्तला को दुर्वासा ने श्राप दे दिया था।"

नागफनी मुस्कुराई। पूछा, "सखि, वे कौन हैं?"

करेलामुखी ने कहा, "वे राजा भयभीत सिंह के पुत्र कुँअर अस्तभान सिंह हैं जो परीक्षा में फेल होकर आत्महत्या करने आये हैं।"

यह सुनकर नागफनी का हृदय हर्ष से विकल हो गया। कहने लगी, "अहा, जिनके गुणों के गीत चारण गाते हैं, ये वही कुँअर अस्तभान हैं? तुझे याद है सखि, पिछली विजयादशमी पर उस राज्य से जो चारण आया था वह क्या कहता था? मेरे कानों में वे शब्द आज भी गूँज रहे हैं। कहता था—जिस स्त्री से कुमार का एक वर्ष भी प्रेम हो जाय, उसे ससुराल के वस्त्र और आभूषण जीवन-भर नहीं पहनने पड़ते। कुमार उसे इतना दे देते हैं। सखि, तुझसे मेरा कुछ भी छिपा नहीं है। मेरा जी उन पर आ गया है। हे सखि, मैं प्रेम की आग में जल रही हूँ। तू मेरा सन्देशा उनके पास पहुँचा।"

यह सुनकर करेलामुखी अस्तभान के तम्बू की ओर बढ़ी। उधर से मुफतलाल आ रहा था। दोनों की भेंट राह में हो गयी। मुफतलाल ने चुहल

की, "ए, अपनी राजकुमारी से कह दो कि हमारे राजकुमार पर इस तरह मोहनी न डालें। वे आत्महत्या करने आये हैं। पर अब उनका मन बदलने लगा है।"

करेलामुखी भी एक ही थी। उसने झट जवाब दिया, "तुम्हीं न अपने कुमार से कह दो कि भले घर की औरतों को इस तरह क्यों घूरते हैं। हमारी राजकुमारी का मन भी तो ढीला पड़ने लगा।"

मुफतलाल को करेलामुखी का स्वभाव पसन्द आया। उसने कहा, "ए, ठिठोलियाँ छोड़ो और आगे की सोचो। ऐसी जोड़ी चिराग लेकर ढूँढ़ने पर भी नहीं मिलेगी। यदि इनकी शादी हो जाय, तो दो घर न बिगड़ेंगे। यदि अलग-अलग शादी हुई, तो दो घर बिगड़ जाएँगे और फिर इनके जीवित रहने से तुम्हारा-हमारा आमदनी का सिलसिला भी चलता रहेगा। जब मन से मन का मेल हो गया है, तो सम्बन्ध हो ही जाना चाहिए। मैं कुँअर को लेकर आता हूँ : तुम राजकुमारी को तैयार करो।"

यह सलाह कर दोनों अपने-अपने डेरे को लौट गये।

मुफतलाल ने अस्तभान से कहा, "कुमार, मरना, तो है ही, आज मरे या कल। इस साल या आगामी साल। मैं सोचता हूँ कि अगले मार्च में एक बार फिर परीक्षा में बैठ देखिए। इस अवधि में राजकुमारी नागफनी से प्रेम कर लीजिए। बहुत सम्भव है आप दोनों का विवाह हो जाय, क्योंकि इस बार राजकुमारी विवाह का दृढ़ निश्चय करके ही प्रेम करेगी। यदि विवाह हो गया और आप पास हो गये, तो सुख से जीवन-यापन करेंगे। यदि पास न हुए, तो आप अकेले आत्महत्या नहीं करेंगे, बल्कि नागफनी भी आपके साथ सती हो जाएगी। यदि आपका प्रेम सफल न हुआ तो परीक्षा और प्रेम दोनों में फेल होने के कारण आत्महत्या का श्रेय आपको मिलेगा। इस भाँति, हे राजकुमार, सब प्रकार से आपको लाभ होगा। चलिए, राजकुमारी आपकी प्रतीक्षा कर रही है।"

अस्तभान ने कपड़े ठीक किए, आईने के सामने जाकर बाल सँवारे,

इत्र छिड़का और रुमाल मुँह पर फेर कर नागफनी के डेरे की ओर चल पड़ा।

डेरे में नागफनी एक ऊँचे आसन पर तकिए के सहारे बैठी थी। अस्तभान घड़ी-भर उसकी ओर एकटक देखता ही रहा। फिर बोला, "राजकुमारी की जय हो! मैं कुँअर अस्तभान हूँ, आपका सेवक। आपके रूप और गुणों पर मोहित होकर चला आया हूँ।"

नागफनी ने उसे प्रेम से पास बिठाया और कहा, "राजकुमार का स्वागत है। कुमार, आप तो क्षत्रिय हैं, वीर हैं। फिर भी चार बार फेल होने पर भी लज्जित नहीं होना चाहिए।"

अस्तभान ने मीठी चुटकी ली—"और आप भी पाँचवें प्रेम में विफल होने से प्राण त्यागने लगीं। आप जैसी महान नारी को तो हजार प्रेम टूटने पर भी ग्लानि का अनुभव नहीं होना चाहिए।"

राजकुमारी लजा गयी, कहने लगी, "हाँ, यह मेरी कमजोरी है। पर जब से आपको देखा, तब से मेरा मन बदल गया है। भगवान ने मेरी जोड़ी जिससे मिलाई है, वह मिल गया।"

राजकुमार ने कहा, "क्यों न हो! क्यों न हो!" वह इतना विकल हो गया था कि उससे बोलते नहीं बना। उसने नागफनी का हाथ अपने हाथ में ले लिया और उसे सहलाने लगा। तभी करेलामुखी बोल उठी, "चलो अब बहुत हुआ। आगे बढ़ना ठीक नहीं। अब दोनों अपने-अपने महल लौटो और अपने-अपने पिता से शादी के लिए कहो।"

यह सुनकर दोनों लजा गये और बड़ी मुश्किल से अलग हुए।

अस्तभान अपने डेरे को लौटे।

इधर नागफनी ने करेलामुखी से कहा, "सुन री, मैंने इतना प्रेम किसी से नहीं किया।"

करेलामुखी ने कहा, "यह बात मैं छठवीं बार सुन रही हूँ। पर अब ऐसा करो कि इससे ब्याह हो ही जाय।"

नागफनी ने बड़ी चिन्ता से कहा, "सो तो भगवान के हाथ है।

पिताजी ने साफ कह दिया है कि अब प्रेम-विवाह नहीं होगा; मैं जिसे तय करूँगा, उसी से होगा। सो अभी तो बड़ी बाधाएँ हैं।"

दोनों तरफ से सेवकों को डेरे उखाड़ने का आदेश हुआ।

अस्तभान और नागफनी को वापिस लौटते देख वहाँ बड़ी खलबली मची। अखबारों के संवाददाता बड़े जोर से विलाप करने लगे। अस्तभान ने उनके पास जाकर पूछा, "भाई, तुम लोग क्यों रो रहे हो?" वे बोले, "हमें एक अच्छी 'स्टोरी' मिल रही थी, पर वह बरबाद हो गयी।"

एक बोला, "हममें से कई ने अपने अखबारों को स्थान खाली रखने के लिए तार कर दिए थे। अब हमें डाँट पड़ेगी।"

दूसरा कहने लगा, "कुमार, हम लोग कैमरे में फिल्म भरकर कब से तैयार खड़े हैं, पर आपने एकदम हमारी आशाओं पर पानी फेर दिया।"

एक पत्रकार माथा ठोककर कहने लगा, "दो महत्त्वपूर्ण आत्महत्याएँ हो रही थीं। ऐसा अच्छा डी.सी. (डबम कॉलम) समाचार जाता! हाय! अब क्या होगा?"

मुफतलाल ने कहा, "दोस्तों, यह बड़ी विचित्र बात है। किसी के प्राण बचने से प्रसन्नता होनी चाहिए, पर आप लोगों को दुख हो रहा है। क्या किसी की मौत से आप लोगों को फायदा होता है?"

एक सयाने पत्रकार ने कहा, "पत्रकार के लिए मौत केवल समाचार होती है। अगर हम हर मौत पर रोने लगें तो सारी जिन्दगी रोते ही कट जाय। महत्त्वपूर्ण मौत का हमारे लिए बड़ा उपयोग है—उससे रोचक समाचार बनता है। किसी बड़े आदमी की मौत हो जाती है, तो सारा सम्पादकीय और संवाद-विभाग हर्षित हो जाता है। अगर मौत असाधारण परिस्थिति में हो, तब तो हमारे लिए वरदान होती है। कुमार और राजकुमारी ने आत्महत्या की ऐसी बढ़िया तैयारी की थी, हम सनसनीखेज 'स्टोरी' बना सकते थे। लेकिन सब मिट्टी हो गया।"

मुफतलाल को पत्रकारों पर दया आने लगी। उसने कहा, "मित्रों, हमें आपसे सहानुभूति है। कुमार और राजकुमारी को आत्महत्या न कर सकने

का कुछ कम दुःख नहीं है। पर विधाता की ऐसी ही इच्छा थी। मैं समझता हूँ, यह जो आत्महत्या टल गयी है, इसकी भी 'स्टोरी' बन सकती है। कोई चमत्कारिक घटना बना दीजिए। ऐसा लिख सकते हैं कि ज्योंही कुमार और नागफनी देवी पानी में कूदे, वहाँ कमल के दो बड़े फूल खिल गये। कमलों पर दोनों बैठे थे और वे ऊपर उठ रहे थे। फूल उठते गये और दोनों को आराम से किनारे पर बिठाकर गायब हो गये। कुमार और कुमारी ने इसे नर्मदा मैया की इच्छा समझा कि वे आत्महत्या न करें। ऐसा समाचार बना दीजिए। आप लोगों को तो चमत्कारपूर्ण समाचार छापने का अभ्यास है। आखिर आप लोग ऐसे समाचार देते ही हैं कि एक बच्चे के पाँच सिर हैं, आसमान से खून की वर्षा हो रही है, मन्दिर में छत से गाय का दूध टपक रहा है, शंकरजी की पिंडी एकाएक 6 इंच बढ़ गयी, एक संन्यासी मन्त्र से मरे आदमी को जिन्दा कर रहा है। इसी तरह का चमत्कारपूर्ण समाचार यह हो जाएगा। इससे आपका अखबार भी बिकेगा और कुमार को भी प्रकाशन मिल जाएगा।"

पत्रकारों के जाने के बाद वहाँ आत्महत्या-विभाग और आँकड़ा-विभाग के अफसर आ गये। उन्होंने शिकायत की कि आपने निर्णय बदलकर हमारा हिसाब गड़बड़ कर दिया। हम केन्द्रीय कार्यालय को तार कर चुके हैं। अब हमें डाँट पड़ेगी कि हमने आत्महत्या क्यों नहीं होने दी। इन महत्त्वपूर्ण आत्महत्याओं का विवरण सरकार अन्य राज्यों में अपने दूतावासों के जरिये प्रसारित करने वाली थी। वह योजना ठप्प हो गयी।

मुफतलाल ने अस्तभान से कहा, "कुमार, इन लोगों का नुकसान हो गया है। इन्हें कुछ हर्जाना दे देना चाहिए।"

अस्तभान ने उन्हें कुछ अशर्फियाँ दीं और वे खुश होकर चले गये।

इधर सेवकों ने तम्बू उखाड़ लिए और कुमार-कुमारी अपने-अपने महलों को चल दिए। रास्ते जहाँ अलग-अलग होते थे, वहाँ दोनों ने अपने-अपने रूमाल निकाल लिये और हिलाने लगे। जब परस्पर आँखों से ओझल हो गये, तब रूमाल से आँसू पोंछने लगे।

जलना विरह में और बहलाना मन तरह-तरह से

अब नागफनी अपने महल में और अस्तभान अपने महल में, दोनों विरह की ज्वाला में जल रहे थे। नागफनी को उठते, बैठते, सोते, जागते, खाते, पीते, खेलते, बात करते, चलते, फिरते, गाते, रोते, कपड़ा पहनते, मेक-अप करते, दाँत घिसते, नहाते, नाखून काटते—अस्तभान की याद सताती। करेलामुखी आठों पहर उसके पास बैठी रहती और धैर्य बँधाती, "राजकुमारी, धीरज धरो। हर काम समय आने पर ही होता है। प्रेम में विरह जरूरी है। विरह से प्रेम पकता है।"

नागफनी बड़ी विकल थी। उसने कहा, "सखि, कैसे धीरज धरूँ? मेरे रोम-रोम में आग फुँकती है।"

करेलामुखी ने कहा, "राजकुमारी, ऐसे अवसर पर तुम्हें विरह के गीत गाना चाहिए। अपने महल के सामने की सड़क पर चार-चार पैसे में विरह के गानों की पुस्तक बिकती हैं। विरहिणी इन्हें गाती हैं जिससे उनका दुःख हलका होता है।"

इतना कहकर करेलामुखी उठी और तुरन्त सड़क पर से चार पैसे की एक गाने की पुस्तक खरीद लाई जिसमें 11 विरह-गीत लिखे थे। उसने राजकुमारी को इन गीतों की धुन बताई और थोड़ी ही देर में वह उन्हें अच्छी तरह गाने लगी।

गीत गाते-गाते नागफनी कराहने लगी। करेलामुखी घबड़ाकर उसके पास आयी। राजकुमारी के शरीर से गर्म लपटें-सी उठती दिखाई दीं। उसने शरीर पर हाथ रखा तो उसका हाथ जल गया।

नागफनी कराह उठी, "सखि, मेरे शरीर में आग लगी है। विरह के गानों से ताप और बढ़ गया है।"

करेलामुखी ने कहा, "राजकुमारी, तुम्हारा विरह बहुत बढ़ गया है। मैं कमरे में 'कूलर' लगा देती हूँ। इससे कुछ शान्ति मिलेगी।"

'कूलर' लगाने से नागफनी को कुछ चैन मिला। उसने कहा, "सखि, प्राचीन काल में कूलर नहीं थे तो विरहिणियों को बड़ी तकलीफ होती होगी।"

करेलामुखी ने कहा, "राजकुमारी, उन बेचारियों का हाल मत पूछो। अब तो विरह में वैसी हालत होती नहीं है। कवियों ने उनके बारे में जो लिखा है, उससे उनकी हालत का अनुमान होता है। विरहिणी का शरीर तवे-सा तप जाता था और उसकी सखि गुलाब जल छिड़कती थी, तो 'छन्न' की आवाज होती थी। जिस मुहल्ले में एक विरहिणी होती, उसमें ईंधन के बिना भी रोटी सिंक जाती। स्त्रियाँ रोटी बेलकर विरहिणी के हाथ पर रखती जातीं और वह सिकती जातीं। जिस मुहल्ले में एक विरहणी होती, उसमें बारहों महीने ग्रीष्म ऋतु रहती थी। हे राजकुमारी, विरह से सूखकर स्त्री इतनी हलकी हो जाती कि जब साँस भीतर लेती तो 4-6 हाथ पीछे उछल जाती और जब साँस छोड़ती तो 4-6 हाथ आगे उछलती।* कोई तो इतनी सूख जाती कि जब मौत उसे लेने आती, तो उसे भी नहीं दिखती थी। देवी, उनकी तुलना में तुम्हारा दुःख तो कुछ नहीं है।"

नागफनी ने कहा, "सखि, तन का ताप तो 'कूलर' से कुछ कम हो जाता है, पर मन के ताप का क्या करूँ?"

करेलामुखी ने समझाया, "कुमारी, नगर-सेठ का लड़का उड़ाऊमल

* बिहारी।

कई बार तुमसे मिलने का प्रयत्न कर चुका है। तुम उससे मिलो। उससे मिलने से तुम्हारा जी बहल जाएगा।"

नागफनी बोली, "नहीं सखि, मैं उससे नहीं मिलूँगी। मैं राजकुमार को धोखा नहीं दूँगी।"

करेलामुखी ने समझाया, "देवी, यह धोखा नहीं है। तुम्हें उनके लिए जीवित रहना है। यदि तुम्हारे जीवित रहने में उड़ाऊमल से सहायता मिलती है तो उसमें कोई अनीति नहीं है। तुम अपने सुख के लिए नहीं, बल्कि राजकुमार के सुख के लिए, उड़ाऊमल से मन बहलाओ।"

नागफनी कभी-कभी उड़ाऊमल से मिलने लगी जिससे दुःख कम होने लगता। पर जब उड़ाऊमल उससे दूर हो जाता, तब उसका दुख पूर्ववत् बढ़ जाता।

इधर अस्तभान की हालत और भी खराब थी। उससे न खाना खाया जाता, न पानी पिया जाता। आठों पहर तड़पता रहता।

राजा भयभीत सिंह राजकुमार का यह हाल देखकर बड़े भयभीत हुए। उन्होंने पुत्र का मन बहलाने के लिए नृत्य और संगीत का प्रबन्ध किया। उसे हँसाने के लिए एक विदूषक नियुक्त किया, गाना सुनाने के लिए एक गायक और कविता सुनाने के लिए एक कवि।

पर कुमार का दुःख इतना गहरा था कि उसमें ये सब डूबने लगे। विदूषक उसे हँसाने के लिए आया और तरह-तरह का मसखरापन करने लगा। कुमार ने क्रोध में आकर उसे दो चाँटे जड़ दिए। थोड़ी देर बाद महाराज पुत्र की हालत देखने आये। उन्होंने देखा कि जिस विदूषक को उन्होंने हँसाने के लिए भेजा था वह खुद रो रहा है।

सन्ध्या समय राजा ने एक गायक भेजा। उसे देखकर अस्तभान हैरत में आ गया। उसकी आँखें लाल थीं और बाहर निकली थीं और ओंठ कानों तक फटे थे। वह तम्बूरा गोदी में रखकर एक आसन पर बैठ गया।

अस्तभान बड़ी देर तक उसे देखता रहा। फिर मुफतलाल से कहने लगा, "सखा, यह कैसा विचित्र आदमी है? इसका मुँह तो कान से लगा

है। इतने चौड़े मुँह का आदमी तो मैंने कभी देखा नहीं।"

मुफतलाल ने समझाया, "कुमार, यह गायक है। इसे पूरे जोर के साथ रात-रात-भर आलाप भरना पड़ता है। आलाप की सुविधा के लिए ही इसने आपरेशन के द्वारा अपना मुँह कान तक फड़वा लिया है। अभी आप इसकी कला देखेंगे।"

अस्तभान सँभलकर बैठ गया। नायक ने गाना शुरू किया। पहले तो अस्तभान को डर लगा, पर थोड़ी देर बाद वह बेहोश हो गया। गायक गाता रहा। मुफतलाल संगीत समझता था। वह दाद देता रहा। गाते-गाते गायक को खाँसी आयी। बड़ी देर तक वह खाँसता रहा और फिर गाने लगा। मुफतलाल ने कहा, "वाह-वाह, कमाल है। उस्ताद, आप तो खाँसते भी राग विहाग में हैं।" गायक ने शाम को 'पा' कहना शुरू किया। रात-भर वह तरह-तरह से 'पा-पा-पा' गाता रहा और सवेरे उसने 'नी' कहा।

मुफतलाल चमत्कृत हो गया। उसने अस्तभान से कहा, "कुमार, कितना खतरा झेलकर कला की साधना की जाती है। इस संगीत-सम्राट को अगर प्यास लगी हो, तो शाम को 'पा' कहेंगे और सवेरे 'नी'—'पानी' कहने में पूरे बारह घंटे लग जाते हैं। इतने में प्राण भी निकल सकते हैं। वाह, वाह! तलवार की धार पर चलते हैं।"

अस्तभान तो सारी रात बेहोश रहा था। पर उसने, मुफतलाल की रुचि का आदर करने के लिए, गायक को बहुत-सा धन देकर विदा किया।

दूसरे दिन एक कवि अस्तभान का मन बहलाने के लिए भेजा गया। उसका रूप बड़ा विचित्र था। उसके बाल बड़े और रूखे थे, दाढ़ी बढ़ी हुई थी। वह मिरजई और पैंट पहने था। गले में टाई भी बाँधे था। उसके सिर से कफन बँधा था और पीछे दो आदमी सलीब लेकर चलते थे।

वह आकर बैठ गया। अस्तभान उसे देखकर डरा। मुफतलाल ने धीरे से कान में कहा, "यह एक बहुत बड़े कवि हैं।"

अस्तभान सँभल गया। बोला, "क्या आप कवि हैं?"

उत्तर मिला, "हाँ, क्या आपको दिखता नहीं हूँ? मेरी वेश-भूषा से, मेरी मुखाकृति से, क्या मेरी काव्य-प्रतिभा प्रगट नहीं होती?"

मुफतलाल बीच में बोल उठा, "कवीश्वर, कुमार ने सहज कुतूहलवश प्रश्न किया था। यदि आप बुरा न मानें तो बताएँ कि आपकी इस विशेष वेश-भूषा का क्या अर्थ है?"

कविजी बोले, "देखिए, मैं न नहाता हूँ, न दाढ़ी बनाता हूँ, न बाल कटाता हूँ। मैं स्वच्छता को पतनशील प्रवृत्ति मानता हूँ। युग अगर सफाई पर जोर देता है तो हम गन्दे रहकर युग के प्रति असन्तोष व्यक्त करते हैं। हम विद्रोही हैं। हमें सब पर क्रोध है।"

अस्तभान ने पूछा, "सब पर आप क्रोधित क्यों हैं, कविवर?"

कवि ने कहा, "सब बुरे हैं। इस समाज पर, इस सरकार पर, प्रजातन्त्र पर, प्रजातांत्रिक संस्थाओं पर, किसी पर हमारी आस्था नहीं है। ये सब व्यक्ति का नाश करते हैं। हम बी.ए. फेल होने के बाद प्रोफेसर बनना चाहते थे। हमें प्रोफेसर नहीं बनाया गया तो हमें मानवी संस्थाओं से घृणा हो गयी। हमें मनुष्य में विश्वास नहीं रहा। हमें किसी आदमी से कोई मतलब नहीं।"

मुफतलाल ने पूछा, "पर कविराज, अगर आपके पिता भी आपकी तरह सोचते तो आप बचपन में ही मर जाते।"

कवि ने क्रोध से कहा, "बाप का नाम क्यों लेते हो? बाप बेटे का सबसे बड़ा दुर्भाग्य है। हम परम्परा में विश्वास नहीं करते।"

अस्तभान ने कहा, "कविराज, आप मिरजई पर टाई बाँधे हैं और पैंट पहने हैं। इसका क्या अर्थ है?"

कवि बोले, "इसके दो अर्थ हैं। एक तो यह है कि हम अन्तर्राष्ट्रीय हैं। दूसरी बात यह है कि समाज की कोई रीति-नीति हम नहीं मानते।"

दोनों मित्र विद्रोही कवि को आश्चर्य से देख रहे थे। कवि ने जेब से एक विचित्र घड़ी निकाली और देखकर कहा, "हमें यहाँ आये 387 क्षण हो गये, पर अभी तक आपने हमसे कविता सुनाने को नहीं कहा।"

अस्तभान ने कहा, "कविवर, आप समय का हिसाब क्षणों में रखते हैं?"

कवि ने कहा, "हाँ, हमारी घड़ी घंटा और मिनट नहीं बताती, क्षण बताती है। हम क्षण में जीते हैं। हर क्षण अलग है। जो काल को अनंत और सतत प्रगतिशील मानते हैं, वे व्यर्थ ही पिसते हैं। वे पीठ पर युगों का बोझ लादे रहते हैं और आगे न जाने कहाँ देखते हैं। हम केवल वर्तमान क्षण में जीते हैं और इस क्षण से पिछले झण का कोई सम्बन्ध नहीं है और न आगे वाले से होगा। हर क्षण का अनुभव स्वतन्त्र है।"

यह सुनकर मुफतलाल ने कहा, "ऐसा कैसे होता होगा कविराज? पिछले क्षण आपने जो बका, उससे हमें इस क्षण गुस्सा आ जाय और आपको हम चाँटा मार दें, तो अगले क्षण आपको दर्द तो होगा। इस तरह क्षणों के अनुभव सम्बद्ध हो गये।"

दुर्बल कवि ने तगड़े मुफतलाल को देखा और कहा, "आपका तर्क असंगत है, पर उदाहरण (चाँटा मारना) बड़ा सशक्त है। इसलिए मैं इस विषय में आगे बात नहीं करना चाहता। इतना ही कहना चाहता हूँ कि क्षण में जीने वाला सब जिम्मेदारियों से बरी हो जाता है। कविता सुनाऊँ?"

अस्तभान ने रोका, "ठहरिए। आपने यह तो बताया नहीं कि आप कफन क्यों लपेटे हैं और सलीब क्यों साथ रखते हैं?"

कवि ने समझाया, "हम मरे हुए लोग हैं। हमारी आस्था गयी, हमारे विश्वास गये, हमारे आदर्श गये। इसलिए हम सलीब रखते हैं। जिस क्षण हमारा मन चाहेगा, हम सलीब पर टँग जाएँगे और हमारा कफन हम पर डाल दिया जाएगा।"

मुफतलाल ने पूछा, "आपके माँ-बाप, भाई-बहिन नहीं हैं?"

कवि बोला, "हैं, पर हमारा कोई नहीं। हम अकेले, निपट-निस्संग हैं। दुनिया में हर आदमी अकेला है।"

अस्तभान ने पूछा, "आप कुछ काम करते हैं?"

"नहीं!" कवि ने जोर देकर कहा, "काम क्यों करें? कुछ करने का

दंभ मनुष्य की सबसे बड़ी विडम्बना है। बिल्कुल निश्चेष्ट होकर अपने को बहाव में छोड़ दो। मनुष्य नियति का दास है। नियति ही उसे चलाती है।"

मुफतलाल के मुँह से निकल पड़ा, "यह सब पागलपन है।"

कवि ने क्रोध से जवाब दिया, "इसे आप पागलपन कहते हैं? हमारे पास इसका ठोस दर्शन है।"

मुफतलाल ने कहा, "मगर पागलपन का दर्शन निर्मित करने की क्या जरूरत है?"

कवि बोला, "पागलपन को गर्वपूर्वक वहन करना है तो उसे किसी दर्शन का आधार अवश्य चाहिए। अच्छा अब कविता सुनिए—

कौआ केंचुआ, व्हेल और मैं!
स्या ऽऽऽ ऽऽऽऽऽ ऽ ऽ ह
काले आकाश का शोक-वस्त्र पहने
अँधेरे मौसम की सुबह है;
और काँव-काँव करते काले कौए
मेरे आरपार निकल जाते हैं।
लेकिन एक बेहद काला और बूढ़ा कौआ
मुझमें कहीं फँसा रहा गया है।
(डरता हूँ, वह मेरी आत्मा में कहीं घोंसला न बनाए!
कहीं अंडे न दे!
अब मुझमें इतनी भी ताकत नहीं है
कि उस बूढ़े कौए को अपने बाहर निकाल सकूँ—आह! मैं!!
इस कदर गया-गुजरा और दुबला
कि अपने कन्धे पर रखे अपने ही सलीब का बोझ ढो नहीं सकता!
आह! यह सलीब मुझमें घुसा जा रहा है,
नहीं; यह तो काँटा है
जो मुझमें घुसा हुआ है!

और मैं अपने ही आँसुओं के डबरे में डूबा हुआ केंचुआ हूँ,
मुझे अपने ही शरीर से घिन आती है!
हाय मेरी नियति!
मैं महज छोटी दुबली मछलियों का चारा हूँ!
काश! यह डबरा समुद्र होता और
ये छोटी मछलियाँ कोई व्हेल मछली होती!
तो क्या मैं गौरवान्वित न होता?

कविता सुनकर अस्तभान दीवार पर सिर मारने लगा। यह देख कवि बोला, "कुमार, मुझे प्रसन्नता है कि मेरी कविता ने आपको प्रभावित किया। यदि आप गलत काव्य-संस्कारों से ग्रस्त न होते, तो अभी तक मेरी सलीब पर चढ़ जाते। अच्छा, अब मैं जाता हूँ।"

अस्तभान ने उसे कुछ अशर्फियाँ दीं और कहा, "आप एकदम यहाँ से चले जाइए और शाम तक इस शहर के बाहर हो जाइए। कल यहाँ दिखे, तो अच्छा न होगा।"

कवि ने कहा, "हमारा क्या है? जैसे यहाँ, वैसे वहाँ। अभी चले जाते हैं। पर आपने मेरे इन सलीब ढोने वालों को कुछ नहीं दिया।"

अस्तभान ने उन्हें भी एक-एक अशर्फी दी और कवि अपना सामान लेकर चले गये।

इधर अस्तभान अपने सूजे हुए कपाल पर लेप लगवाने लगा।

एक दिन मुफतलाल ने कहा, "कुमार, एक बड़ी भूल हो गयी। न आपने अपने पास राजकुमारी का चित्र रखा और न उन्हें अपना चित्र दिया। प्रेम में ऐसी भूल का बुरा परिणाम भी हो सकता है।"

अस्तभान ने कहा, "क्यों? जब हृदय में हम उसकी तस्वीर टाँगे हैं, तो चित्र की क्या जरूरत है?"

मुफतलाल ने समझाया, "कुमार, आप समझते नहीं हैं। चित्र आदमी से अच्छे बनने लगे हैं। वास्तव में जैसी सूरत है, उससे अच्छी सूरत चित्र

में बनती है। इसीलिए, प्रेमी-प्रेमिका प्रथम मिलन में ही चित्रों का आदान-प्रदान करने की जल्दी करते हैं। चित्र पास रखने में बड़ी सुरक्षा है। यदि प्रेमी या प्रेमिका की वास्तविक शक्ल की कल्पना करने से अरुचि उत्पन्न होने लगे, तो प्रेमी तुरन्त चित्र देख लेता है, जिससे उसका मन फिर लग जाता है।"

अस्तभान ने कहा, "हाँ, भूल तो हो गयी। पर नागफनी का चित्र अब मुझे कैसे मिलेगा?"

मुफतलाल ने कहा, "चित्र मिलना तो अब असम्भव है क्योंकि भेड़ाघाट से लौटने के बाद से राजा राखड़सिंह ने राजकुमारी पर बड़ा कड़ा पहरा लगा रखा है। एक रास्ता है। किसी चित्रकार से राजकुमारी का चित्र बनवाकर आप अपने कमरे में टाँगें। मैं एक-दो कलाकारों को आपकी सेवा में उपस्थित करता हूँ।"

मुफतलाल थोड़ी देर बाद दो कलाकारों को लेकर आया।

अस्तभान ने उनसे कहा, "मुझे अपनी प्रेमिका, राजकुमारी नागफनी का चित्र बनवाना है। आप लोगों ने नागफनी को अवश्य देखा होगा, उसके चित्र भी बनाए होंगे। कुछ पहले तक कोई भी कलाकार जब तक नागफनी का चित्र नहीं बना लेता था, तब तक अपने को अधूरा समझता था। मैं चाहता हूँ कि आप दोनों उसका एक-एक चित्र बनाएँ। मैं मुँहमाँगा इनाम दूँगा।"

यह सुनते ही वे कलाकार रंग, कागज और ब्रश लेकर अलग-अलग कमरों में बैठ गये और चित्र बनाने लगे।

चित्र पूरे होने पर वे अस्तभान के पास आये।

अस्तभान ने पहला चित्र देखा। यह क्लासिकल शैली का चित्र था। उसने कहा, "कलाकारजी, यह तो नागफनी नहीं है। कैसी लम्बी आँखें हैं। सूई की नोक-सी नाक और यह डोरे-जैसी गर्दन! मैंने तो किसी स्त्री के ऐसे अंग नहीं देखे!"

चित्रकार समझाने लगा, "कुमार, हमारे काव्याचार्यों और कवियों ने

कई सौ साल इसी खोज में लगाए हैं कि स्त्री के मुख, आँख, ओंठ, कमर कैसे होने चाहिए। वे डॉक्टरों की तरह सैकड़ों सालों तक हजारों स्त्रियों के शरीरों की जाँच करते रहे और तय किया कि सुन्दरी की आँखें मछली या खंजन की तरह होनी चाहिए; नाक तोते की चोंच की तरह, ओंठ बिम्बफल की तरह, गर्दन सुराही की तरह, टाँगें केले की पींढ़ की तरह। कई कवियों ने चार-पाँच सौ वर्षों की मेहनत के बाद ऐसी स्त्री खोज निकाली थी जिसके कमर ही नहीं होती। पर इसी बीच यूरोप वालों ने खुर्दबीन का आविष्कार कर लिया। जब खुर्दबीन से देखा तो उसकी कमर दिख गयी। विज्ञान ने शायरी का मजा किरकिरा कर दिया।[1] नाक की क्या कहूँ? क्या आपको उस नायक का किस्सा नहीं मालूम जो सवेरे उठकर अपनी नायिका की नाक में भीगे हुए चने ठूँसने लगा था। वह समझा यह तोते की चोंच है। गर्दन ऐसी पतली होती थी कि जब नायिका पान खाती तो पान का पीक गले में उतरता हुआ दिखता। और कोमलता की क्या बात है? सुन्दरी को गुलाब की पंखुड़ी की खरोंच लग जाती है। अब सोचिए, नायक के लिए ऐसी स्त्री का भोग करना कितना कठिन होता होगा। वह तमाम उम्र उसे देखते हुए गुजार देता था। छूने से तो वह उसी क्षण ढेर हो जाती। एक नायक ने सपने में नायिका का चुम्बन ले लिया था। सुबह जब देखा तो बेचारी के ओंठ नीले पड़ गये थे। कई घरों में दीपक नहीं जलता था, सुन्दरी के रूप से ही उजाला हो जाता था।[2] हम ऐसा सौन्दर्य-शास्त्र और काव्य-शास्त्र में पढ़े हैं। इसीलिए हमने ये अंग-प्रत्यंग बनाए हैं।"

अस्तभान कलाकार के मुख की ओर बड़ी देर तक देखता रहा। फिर उसने सोचा कि यदि मैं इस चित्र को बुरा कहूँगा तो यह कलाकार मुझे गँवार समझेगा। उसने चित्र की बड़ी तारीफ की और कलाकार को बहुत-सी अशर्फियाँ देकर विदा किया।

---

1. अकबर इलाहाबादी।
2. बिहारीलाल।

अब दूसरा कलाकार अपना चित्र लेकर आया। उसे देखकर अस्तभान हैरत में आ गया। बड़ी देर तक उसे उलट-पुलटकर देखने के बाद बोला, "यह क्या है?"

"चित्र है, कुमार!" कलाकार अविचलित भाव से बोला। वह अपनी कलाकृति के बारे में आश्वस्त था।

"चित्र? किसका चित्र?"

"राजकुमारी नागफनी का।"

"तुम इसे चित्र कहते हो? यह तो गिचपिच है। नागफनी कहाँ है इसमें?"

कलाकार को राजकुमार के हीन-संस्कारों पर तरस आया। उसने कहा, "कुमार, यह सबसे आधुनिक शैली में रचा गया चित्र है। इसमें आप राजकुमारी का शरीर क्यों देखना चाहते हैं? वह इसमें नहीं मिलेगा। यह 'एब्सट्रैक्ट' चित्र है। राजकुमारी क्या है? एक आइडिया! उसी आइडिया को मैंने आकार दिया है।"

अस्तभान बड़े कुतूहल से चित्र को देखता रहा। एकाएक पूछ बैठा, "लेकिन इसे बनाया कैसे है?"

कलाकार ने कहा, "ऐसे चित्र-निर्माण की पद्धति एक रहस्य है जो हमें प्रगट नहीं करनी चाहिए। पर आप राजपुरुष हैं, इसलिए बता देता हूँ। इस चित्र-निर्माण की शैली बड़ी कठिन है। एक बड़े चींटे को रंग की कटोरी में डालते हैं। फिर उसे निकालकर कागज पर रख देते हैं। वह धीरे-धीरे चलता है और जैसे-जैसे उसके पैरों के निशान बनते जाते हैं, वैसे-वैसे हम रंग भरते जाते हैं। यह बहुत कठिन कार्य है। ध्यान रखना पड़ता है कि चींटा मर न जाय। एक चींटा मरने पर उसके स्थान पर दूसरा रखना पड़ता है। किसी-किसी चित्र के बनाने में 3-4 चींटे मर जाते हैं। ऐसे चित्र को समझने के लिए खास बौद्धिक स्तर और सही कला-संस्कार की आवश्यकता है।"

इस धमकी के सामने अस्तभान टिक नहीं सका। उसने स्वीकार किया कि चित्र बहुत अच्छा है। उसने इस कलाकार को भी बहुत-सी अशर्फियाँ देकर विदा किया।

मुफतलाल ने दोनों चित्र मढ़वाकर अस्तभान के कमरे की दीवार पर टाँग दिए।†

---

† ये दोनों चित्र अस्तभान के पौत्र के पास से एक अमरीकी सग्राहक ने 10 लाख डॉलर में खरीद लिए।--लेखक

होना बीमार और लगना पेनिसिलिन

अस्तभान अब रात-दिन नागफनी के चित्रों को देखता रहता और 'हाय! हाय!' करता रहता। प्रेम की पीड़ा से आठों पहर तड़पता रहता। उसकी यह हालत देखकर मुफतलाल घबड़ाया और एक नामी डॉक्टर को बुला लाया।

डॉक्टर स्टेथिस्कोप की माला पहने अस्तभान के पलँग के पास बैठ गया। नाड़ी, जीभ और हृदय की परीक्षा करने के बाद पूछा–"दस्त साफ होता है?"

"जी हाँ।"

"भूख कैसी लगती है?"

"मामूली।"

"नींद आती है?"

"नहीं।"

डॉक्टर सोच में पड़ गया। अपने-आप कहने लगा, "सिस्टम सब ठीक है, नाड़ी बराबर है, हार्ट दुरुस्त है। फिर क्या गड़बड़?"

मुफतलाल ने उसकी उलझन देख कहा, "इन्हें प्रेम की बीमारी है।"

डॉक्टर ने कहा, "ठीक है। पेनिसिलिन मँगा लो।"

मुफतलाल बोल पड़ा, "डॉक्टर साहब, यद्यपि चिकित्सा-शास्त्र में मेरा दखल नहीं है, फिर भी मन में प्रश्न उठता है कि क्या प्रेम की बीमारी में भी पेनिसिलिन ही दिया जाएगा?"

डॉक्टर ने कड़ी नजर से उसे देखा और कहा, 'हाँ, कोई भी बीमारी हो।"

"तो फिर बीमारी की जाँच और रोग का निदान करने की क्या जरूरत है?"

"कोई नहीं। पर अगर डॉक्टर यह सब दिखाने के लिए न करे, तो उस पर विश्वास न किया जाय और उसे फीस न मिले।"

"तो डॉक्टर साहब, क्या हर बीमारी पर पेनिसिलिन दिया जाएगा?"

"हाँ।"

"सर्दी-बुखार में?"

"पेनिसिलिन।"

"पेट की पीड़ा में?"

"पेनिसिलिन।"

"क्षय में?"

"पेनिसिलिन।"

"कैंसर में?"

"पेनिसिलिन।"

"भाई-भाई में अनबन हो जाए तो?"

"दोनों को पेनिसिलिन देना चाहिए।"

"और लड़का अगर बिगड़ गया हो तो?"

डॉक्टर चिढ़ गया। बोला, "जिस बात को जानते नहीं हो, उसके बारे में बहस क्यों करते हो? तुम्हें क्या मालूम नहीं कि पेनिसिलिन की खोज से चिकित्सा-पद्धति में क्रान्ति हो गयी है? अब सिर्फ एक ही दवा रह गयी है—पेनिसिलिन। 'अखिल विश्व डॉक्टर संघ' ने हाल ही में प्रस्ताव पास किया है कि सब मेडिकल कॉलेज बन्द कर दिए जाएँ और चिकत्सा-शास्त्र की पुस्तकें नष्ट कर दी जाएँ। अब किसी डॉक्टर को पढ़ने, सीखने या प्रयोग करने की जरूरत नहीं है। अब बीमारी का नाम जानने की भी जरूरत नहीं है, क्योंकि बीमारी कोई भी हो, पेनिसिलिन ही

दिया जाएगा। पेनिसिलिन से बीमारी ही अच्छी नहीं होती, मनुष्य की सब समस्याएँ भी हल होती हैं। पेनिसिलिन से अगर रोगी मर भी जाय तो उसे स्वर्ग में स्थान मिलता है। इस तरह पेनिसिलिन से दोनों लोक सुधरते हैं। जो बिना पेनिसिलिन के मर जाते हैं, उन्हें फिर जन्म लेकर पेनिसिलिन लगवाना पड़ता है। एक बार पेनिसिलिन लेने से प्राणी आवागमन के बन्धन से छूट जाता है। जाओ, बारह पेनिसिलिन इंजेक्शन और एक डिबिया मरहम लेकर आओ।"

मुफतलाल प्रभावित हुआ। एक सेवक को भेजकर इंजेक्शन और मरहम मँगवाया गया। डॉक्टर ने एक इंजेक्शन अस्तभान को दिया और कहा, 'एक इंजेक्शन शाम को लगेगा। इनके कलेजे पर मरहम लगा दो।"

एक सेवक घंटे-भर कलेजे पर मरहम चुपड़ता रहा। पर दर्द कम नहीं हुआ। तब एक-दूसरा प्रसिद्ध डॉक्टर बुलवाया गया।

डॉक्टर ने अस्तभान की अच्छी तरह जाँच की और एक कागज पर दवाइयाँ लिख दीं। मुफतलाल ने कागज देखा और जरा परेशान हुआ। डरते-डरते कहा, "डॉक्टर साहब, गुस्ताखी माफ हो। आपने तो 'क्लोरोमाइसिन' लिख दिया है। जहाँ तक मैं जानता हूँ, यह तो..."

डॉक्टर ने बात काटकर कहा, "तुम्हारा मतलब है कि यह दवा इस बीमारी में नहीं दी जाती? ठीक है। यह मैं भी जानता हूँ। पर बाजार में क्लोरोमाइसिन का जो भारी स्टॉक पड़ा है, उसका क्या होगा? साल-भर से टाइफाइड के केस लगभग नहीं हुए। दवाइयों का स्टॉक पड़ा सड़ रहा है। न जाने बीमारियों को कौन-सी बीमारी लग गयी है! सारी गर्मी और बरसात निकल गयी, पर इस अभागे शहर में एक भी मरीज हैजे से नहीं मरा। ऐसी स्थिति में डॉक्टर क्या करें? और दवा-विक्रेता क्या करें?"

मुफतलाल की दिलचस्पी बढ़ी। पूछा, "डॉक्टर साहब, रोग के अनुसार दवाएँ बनती हैं या दवाओं के अनुसार रोग होते हैं?"

डॉक्टर ने कहा, "दवाओं के अनुसार रोग होते हैं। उत्पादन के अन्य क्षेत्रों में जो नियम लागू होते हैं, वही यहाँ भी होते हैं। वस्तु का उत्पादन

अधिक करके फिर उसकी आवश्यकता पैदा की जाती है और उसे बेचा जाता है। हमारे पास दवा बनाने वाले कारखानों के एजेन्ट आते रहते हैं। वे बता जाते हैं कि इस समय क्लोरोमाइसिन का उत्पादन बहुत हुआ है, इसलिए लोगों को टाइफाइड होना चाहिए। इसके बाद उसे उसकी बीमारी की दवा भी दी जाएगी। फिर कुछ ऐसीं दवाएँ भी दी जाएँगी जिनसे न लाभ होगा, न हानि।"

मुफतलाल बोला, "याने एक तो सर्वसामान्य यानी 'जनरल' बीमारी होती है और एक व्यक्तिगत बीमारी।"

डॉक्टर ने कहा, "हाँ, अब तुम समझ गये। 'जनरल' बीमारी वह है जिसकी दवा का स्टॉक निकालना है। यह हर एक को लेनी होगी। इसके बाद उस मरीज की जो अपनी बीमारी होगी, उसकी दवा दी जाएगी।"

मुफतलाल ने कहा, "पद्धति तो बहुत अच्छी है। इससे दूकानदारों को ही फायदा होता है या आपको भी?"

डॉक्टर ने जवाब दिया, "दोनों को। यह तो सहकारी उद्योग है। हमें वे कमीशन देते हैं। हम भी यह प्रयत्न करते हैं कि एक बार मरीज हमारे पास आ जाय तो जिन्दगी-भर न छूटे। इलाज जितना लम्बा चलेगा उतनी ही फीस हमें मिलेगी और उतनी ही दवा बिकेगी, जिससे व्यवसायियों को लाभ होगा और हमें भी कमीशन मिलेगा।"

अस्तभान चुपचाप सुन रहा था। उससे नहीं रहा गया। वह बोल उठा, "और मरीज को?"

डॉक्टर ने सहज ही जवाब दिया, "मरीज तो वस्तु का उपभोक्ता (Consumer) है। उसे पूरा लाभ हो जाएगा तो दवा की बिक्री बन्द न हो जाएगी? कुमार, आप स्वतन्त्र उद्योग का अर्थशास्त्र नहीं पढ़े। तभी ऐसे प्रश्न पूछते हैं।"

मुफतलाल ने पर्चा लेकर रख लिया। अस्तभान ने फीस देकर डॉक्टर को विदा किया।

मुफतलाल ने कहा, "कुमार, डॉक्टरों से कुछ नहीं होगा। बीमारी

जिनकी आमदनी का जरिया हो, वे भला बीमारी कैसे कम होने देंगे? डॉक्टर से एक ही लाभ है—अभी तक मरने वाला ईश्वरेच्छा समझकर मरता था; अब डॉक्टर उसे बता देते हैं कि वह किस बीमारी से मर रहा है। इस तरह ईश्वर का उत्तरदायित्व काफी कम हो गया है।"

इसी समय राजा साहब ने एक प्रेम की बीमारी का विशेषज्ञ भेजा।

उसने ध्यान से अस्तभान को देखा। फिर पूछा, "पहले भी प्रेम किया है?"

"हाँ, कई बार," अस्तभान ने कहा।

प्रेम-विशेषज्ञ बोला, "तो जल्दी ठीक हो जाओगे। यह बीमारी पहले प्रेम में अधिक सताती है, जो अनुभवी प्रेमी होते हैं, वे सरलता से ठीक हो जाते हैं। यह एक तरह का भूत है। इस समय आप पर नागफनी के प्रेम का भूत सवार है। एक भूत के पीछे दूसरे भूत को लगाना चाहिए। आप अपनी भूतपूर्व प्रेमिकाओं का नाम जल्दी-जल्दी जपिए। 15 मिनट में फायदा मालूम होगा।"

अस्तभान ने जल्दी-जल्दी रटना शुरू किया—'फूलमती, विडालनयनी, कोकिलरंगी, कर्कशबैनी...'

जादू जैसा असर हुआ। तबियत में सुधार होने लगा। आधा घंटा नाम रटने के बाद वह पूर्ण स्वस्थ हो गया।

उसने प्रेम-विशेषज्ञ को बहुत-सी भेंट देकर कहा, "आप बड़े गुणी आदमी हैं। आपका बताया नुस्खा मैं हमेशा याद रखूँगा।"

प्रेम-विशेषज्ञ ने कहा, "कोई बड़ा नुस्खा नहीं है, कुमार। 'नाम' का प्रताप है। नाम का माहात्म्य भक्तों ने गाया है। 'नाम' के उच्चारण से गणिका और अजामिल तर गये थे। गोस्वामी तुलसीदास ने अपने बारे में ही कहा है—

का गिनती महँ गिनती जस बन घास।
नाम जपत भा तुलसी तुलसीदास ॥

'नाम' की ऐसी महिमा है। पर आजकल के लोग प्राचीन विद्याओं को भूल

गये हैं। जानते भी हैं तो अधूरा। लोग नहीं जानते कि घूस के मामले में फँसने पर कितने बार किस देव का नाम जपना चाहिए, चोरी में पकड़ाने पर कितने बार, काला बाजार के मामले में फँसने पर कितनी बार। यदि ठीक विधि से उचित संख्या में नाम जपा जाय तो संकट से मुक्ति मिल जाती है। आपने ऐसे लोग देखे होंगे जो जीवन-भर घूस लेते हैं और एक बार भी नहीं पकड़ाते। वे 'नाम' का सही प्रयोग करते हैं। कुछ लोग अज्ञानवश गलत नाम जपते हैं। शादी के लिए कुछ लोग हनुमान का जप करते हैं। इससे शादी होती भी हो तो न होगी। हनुमान बाल-ब्रह्मचारी हैं, वे शादी के विरोधी हैं। भला, उन्हें मालूम हो जाएगा, तो क्या वे शादी होने देंगे? हर नाम अलग फल देता है। मैंने आपको बताया कि वर्तमान प्रेम की पीड़ा से मुक्ति पाने के लिए, भूतपूर्व प्रेमिकाओं का नाम लेना चाहिए।"

इतना कहकर प्रेम-विशेषज्ञ चला गया और अस्तभान विश्राम करने लगा। मुफतलाल ने देखा कि उसकी जरूरत नहीं है, इसलिए वह भी वहाँ से चल दिया।

भेजना प्रेमपत्र और खुलना भेद का

नागफनी ने कहा, "सखि करेलामुखी, कितने दिन हो गये, कुमार का कोई समाचार नहीं मिला। वे कैसे हैं? मुझे बड़ी चिन्ता लगी है।"

करेलामुखी ने कहा, "राजकुमारी, वे अब अच्छे हैं। उन्हें डॉक्टर ने एक दर्जन पेनिसिलिन के इंजेक्शन लगाए हैं जिससे उनकी तबियत अब काफी ठीक हो गयी है।"

नागफनी ने कहा, "सखि, क्या मैं उन्हें फिर देख नहीं पाऊँगी?"

"राजकुमारी, तुम तो जानती हो कि उनसे भेंट होना असम्भव है। राजा साहब ने कड़ा पहरा लगा रखा है।"

"वे क्या आ नहीं सकते? वे तो वीर-वंश के हैं। उनके पूर्वज कमंद से किले की दीवारों पर चढ़ जाते थे।"

"राजकुमारी, कमंद से चढ़ने के दिन गये। अब कहीं-कहीं किसी होस्टल में ऊपर से साड़ी नीचे डाली जाती है और उसके सहारे प्रेमी चढ़ जाता है। पर कुमार तुम्हारे विरह में इतने दुर्बल हो गये हैं कि उनसे यह भी नहीं बनेगा।"

"तो सखि, वे मुझे प्रेमपत्र क्यों नहीं लिखते?"

"प्रेमपत्र भी कैसे भेजें? सारी डाक पहले राजा साहब के सामने जाती है। कहीं चिट्ठी पकड़ ली गयी, तो अनर्थ हो जाएगा। राजा साहब का गुस्सा बड़ा खराब है। परसों एक बिल्ली ने उनके कमरे में 'म्याऊँ' किया, तो राजा साहब ने एक ही बार में उसका सिर काट लिया।"

नागफनी उदास हो गयी।

करेलामुखी ने कहा, "कुमारी, मेरे पास एक पुस्तक है जिसमें प्रेम करने की पद्धति विस्तार से समझाई गयी है। मैं वह पुस्तक लाती हूँ। शायद प्रेमपत्र भेजने का कोई रास्ता निकल आये।"

करेलामुखी अपने कमरे में गयी और 'प्रेम करने की कला' नामक पुस्तक ले आयी। उसमें उसने 'प्रेमपत्र भेजना' शीर्षक अध्याय निकाला और उसे पढ़कर सुनाने लगी–

"...प्रेमियों में पत्र-व्यवहार होना बहुत आवश्यक है। पत्र के द्वारा बार-बार यह विश्वास दिलाना जरूरी है कि मैं तुमसे प्रेम करता या करती हूँ। बहुत दिनों तक यदि पत्र न आये, तो किसी दूसरे को पत्र लिखने का मन होने लगता है। कई प्रेमी अपनी प्रेमिका के सामने घबड़ा जाते हैं और हकलाने लगते हैं। इनके लिए पत्र लिखना बहुत आवश्यक है, जो बात वे सामने नहीं कह पाते, वह पत्र में लिख सकते हैं। प्रेम-पत्र लिखते समय मनुष्य का मन मुक्त हो जाता है। प्रकांड विद्वान् के प्रेमपत्र भी पढ़े जाएँ, तो उनसे मालूम होता है कि वह बड़ा बेवकूफ आदमी है जो प्रेमपत्र में मूर्खतापूर्ण बातें न लिखे, उसका प्रेम कच्चा है, उस पर विश्वास नहीं करना चाहिए। पत्र जितना मूर्खतापूर्ण हो, उतना ही गहरा प्रेम समझना चाहिए।"

...प्रेमपत्र भेजना एक बड़ी समस्या रही है। प्राचीन काल में कबूतरों के द्वारा प्रेमपत्र भेजे जाते थे। पर प्रेमिकाओं के पिता पत्रवाहक कबूतर को बहकाकर या उस पर अपना शिक्षित बाज छोड़कर पत्र प्राप्त कर लेते थे। किसी मित्र के द्वारा पत्र भेजने की भी प्रथा है, पर इसमें बड़ा धोखा है। अक्सर ऐसा हुआ है कि प्रेमी या प्रेमिका चिट्ठी लाने वाले से ही प्रेम करने लगे हैं। उर्दू के कवियों ने मित्र के द्वारा पत्र भेजने की गलती की थी जिसका परिणाम उन्हें भुगतना पड़ा था।

...प्रेमपत्र भेजने का सबसे नवीन और सरल तरीका है उसे पुस्तक में छिपाकर भेजना। प्रेमी या प्रेमिका के छोटे भाई-बहिनों को चाकलेट

देकर उनसे पहले आत्मीयता पैदा करनी चाहिए। यदि भाई-बहिन न हों तो मुहल्ले के छोटे बच्चे से भी काम चल सकता है। चाकलेट छिपाकर देना चाहिए, क्योंकि यह तरीका इतना लोकप्रिय हो गया है कि जब लोग किसी को, बच्चों को चाकलेट बाँटते देखते हैं तो समझ जाते हैं कि इसे प्रेमपत्र भेजना है। जब बच्चा विश्वास में आ जाय, तब प्रेमिका उससे कहे, 'मुन्नू, दादा से पढ़ने के लिए पुस्तक ले आओ।' (दादा अर्थात् प्रेमी) मुन्नू भर-दोपहरी में दौड़ते हुए दादा के पास पुस्तक माँगने पहुँचेंगे। दादा को समझ जाना चाहिए कि दीदी पुस्तक नहीं चाहतीं, पुस्तक में चिट्ठी चाहती हैं। वह मुन्नू को एक चाकलेट दे और किसी उपन्यास में चिट्ठी रखकर पुस्तक उसके हाथ में रख दे। मुन्नू भागते हुए जाएगा और दीदी के हाथ में पुस्तक रख देंगे। अब दीदी भी मुन्नू को एक चाकलेट दे। इस प्रकार जब तक मुन्नू दो चाकलेटों के लोभ में किसी और को पुस्तक न दे दें, पत्र-व्यवहार चल सकता है।

"...पुस्तकों का बड़ा महत्त्व है। कहते हैं छापे की मशीन ने मनुष्य के जीवन में क्रान्ति कर दी है। यह सही है। अब पुस्तकें बड़ी संख्या में छपती हैं, इसलिए सबसे बड़ी क्रान्ति यह हुई है कि प्रेमपत्र भेजना सरल हो गया है। इसी कारण प्रेम भी बहुतायत से होने लगा है। प्राचीन काल का युवक प्रेम क्यों नहीं कर सकता था? उन दिनों पुस्तकें आसानी से नहीं मिलती थीं। गुरुकुल में पढ़ने वाले युवक के पास एकाध हस्तलिखित पोथी होती थी। यदि वह उसी में प्रेमपत्र भेज देता तो पढ़ता कैसे? और जब गुरु पूछते कि वह पोथी कहाँ है, तो उत्तर क्या देता...?"

यह अध्याय सुनकर नागफनी की आखें खुल गयी। उसने कहा, "सखि, रीति तो अच्छी है। पर राजकुमार बहुत दूर रहते हैं। यहाँ से वहाँ बच्चे नहीं आ-जा सकते।"

करेलामुखी ने यह समस्या भी हल कर दी। उसने कहा, "अपने महल के पास जो इन्जीनियरिंग कॉलेज के प्रोफेसर रहते हैं, वे मुफतलाल के मित्र हैं। उनके छोटे भाई द्वारा चिट्ठी प्रोफेसर साहब को भेज देंगे और वे

उसे मुफतलाल के पास भेज देंगे। इस सेवा के लिए हम लोग प्रोफेसर को कुछ पारिश्रमिक दे दिया करेंगे। तुम जानती हो, प्रोफेसर को वेतन बहुत कम मिलता है।"

करेलामुखी ने प्रोफेसर से बात करके सब योजना बना ली। नागफनी ने प्रोफेसर के छोटे भाई के द्वारा एक पुस्तक पढ़ने को मँगाई और दो-तीन दिन बाद जब पुस्तक लौटाई, तो उसमें चिट्ठी रख दी।

जब मुफतलाल ने वह चिट्ठी अस्तभान को दी, तो वह प्रसन्नता से बेहोश-सा हो गया। आठ-दस बार उसे पढ़ने के बाद बोला, "यह चिट्ठी आयी कैसे?" मुफतलाल ने प्रोफेसर की सेवाओं का उल्लेख किया।

अस्तभान ने कहा, "मित्र, मुझे इन प्रोफेसरों पर जरा भी भरोसा नहीं है। जो मुझे पाँच नम्बर नहीं दे सके, वे क्या मेरे प्रेमपत्र पहुँचाएँगे?"

मुफतलाल ने कहा, "नहीं कुमार, सब एक-जैसे नहीं होते। यह प्रोफेसर मेरा मित्र है। ईमानदार आदमी है। जो पैसे दे देता है उसके नम्बर अवश्य बढ़ा देता है।"

अस्तभान ने नागफनी को एक चिट्ठी लिखी और मुफतलाल ने उसे प्रोफेसर के पास पहुँचा दिया। प्रोफेसर ने चिट्ठी एक उपन्यास में रखकर प्यारे मुन्नू के हाथ नागफनी को भेज दी।

इस तरह दोनों की चिट्ठी-पत्री चलने लगी।

एक दिन की बात है। प्रोफेसर जरा जल्दी में था। अस्तभान की चिट्ठी भेजनी थी। जल्दी में जो पुस्तक उसके हाथ में आयी, उसी में उसने चिट्ठी रख कर मुन्नू को दे दी। मुन्नू एकदम पुस्तक लेकर महल में घुस गया।

नागफनी के कमरे के पास ही राजा राखड़ सिंह खड़े थे। उन्होंने मुन्नू को देखा। पूछा, "कहाँ जा रहा है?"

"दीदी के पास।"

"क्यों?"

"पुस्तक देने।"

"किसने भेजी?"

"हमारे बड़े भैया ने। दीदी ने पढ़ने के लिए मँगाई थी।"

"देखूँ", कहकर राजा साहब ने पुस्तक हाथ में ले ली। पुस्तक का नाम देखा—'मेकेनिकल इंजीनियरिंग।' बड़े चकराए—यह तो सुना है कि जवान लड़कियाँ उपन्यास पढ़ती हैं; पर जवानी में इंजीनियरिंग की पुस्तक पढ़ने वाली यही एक निकली। राजा को शक हुआ। पुस्तक खोलकर देखी। चिट्ठी हाथ में आ गयी। खोली, तो आँख चढ़ गयी। मुन्नू ने राजा का मुँह देखा, तो हवा हो गया।

राजा ने नागफनी को पुकारा। नागफनी आकर खड़ी हो गयी।

"क्या है पिताजी?"

"बेटा, तू बहुत अध्ययन करने लगी है।"

"हाँ पिताजी, अब तो मैं रात-दिन पढ़ती ही रहती हूँ।"

"बड़ी अच्छी बात है। तू आजकल इंजीनियरिंग का अध्ययन कर रही है?"

"इंजीनियरिंग? पिताजी, आपको क्या हो गया है? मैं इंजीनियरिंग क्यों पढ़ूँगी?"

राजा साहब ने पुस्तक आगे करके कहा, "प्रोफेसर का भाई यह पुस्तक तेरे लिए पढ़ने को लाया था।"

नागफनी गड़ गयी।

राजा साहब ने कहा, "और उसमें रखी चिट्ठी मुझे मिल गयी है। मैंने तुझे आगे प्रेम करने से मना किया था न? फिर क्यों किया?'

नागफनी ने धीरे से कहा, "किया नहीं है।"

"किया नहीं है? फिर यह चिट्ठी?"

"किया नहीं है। हो गया है।"

राजा क्रोध से थरथर काँपने लगे। कहा, "हो गया है? मैं देखता हूँ कैसे होता है। अब अगर उस बदमाश अस्तभान को चिट्ठी लिखी तो मैं तुम दोनों का सिर काट लूँगा। मैं तेरी शादी जल्दी ही करने वाला हूँ।'

नागफनी नें नीचे देखते हुए कहा, "तो उन्हीं से कर दीजिए।"

राजा ने आँखें तरेरकर देखा। कहा, "उससे नहीं हो सकती। वह बदमाश है। वह दूसरों की लड़कियों को प्रेमपत्र लिखता है। लुच्चा कहीं का।"

नागफनी की आँखों से आँसू टपकने लगे।

राजा ने कड़ककर कहा, "खड़ी-खड़ी रोती क्यों है? जा कमरे में। मेरी बात भूलना मत।"

नागफनी ने साड़ी का पल्ला मुँह में ठूँसा और कमरे में भाग गयी। उस दिन से पहरा और कड़ा हो गया।

कई दिन तक नागफनी की चिट्ठी नहीं पहुँची तो अस्तभान घबड़ाया। उसने मुफतलाल से कहा। मुफतलाल प्रोफेसर से मिला। लौटकर आया तो कहने लगा, "कुमार, बड़ा अनर्थ हो गया। प्रोफेसर ने असावधानी में आपकी चिट्ठी मेकेनिकल इंजीनियरिंग की पुस्तक में रखकर भेज दी। राजा साहब को शक हो गया और उन्होंने चिट्ठी पकड़ ली।"

अस्तभान कुर्सी से लुढ़क गया। बोला, "मैंने तुमसे पहले ही कहा था कि इन प्रोफेसरों का मुझे जरा-सा भरोसा नहीं है। ये मेरे पीछे पड़े हैं। विद्या के क्षेत्र में मुझे मारा और अब प्रेम के क्षेत्र में मार रहे हैं। कैसा नालायक है। जिसे प्रेमपत्र भेजने का शऊर नहीं है, वह पढ़ाता क्या होगा?"

मुफतलाल अपराधी की तरह खड़ा रहा। दोनों बड़ी देर तक मौन रहे। अस्तभान कराहते हुए बोला, "अब क्या होगा? अब तो मुझे उसका समाचार भी नहीं मिल सकता। वह बड़ी साँसत में होगी, यह सोच-सोचकर मेरा कलेजा लौकता है।"

मुफतलाल कुछ नहीं बोला। कराहते-कराहते अस्तभान को नींद आ गयी। मुफतलाल दबे पाँव बाहर हो गया।

इंटरव्यू मुफतलाल का होना डिप्टी कलेक्टर

पाठक भूले न होंगे कि मुफतलाल ने डिप्टी कलेक्टर के पद के लिए आवेदन किया था।

राज्य में शासकीय नौकरियों के लिए भरती दो स्थितियों में होती थी—तब, जब पद खाली हो और उन्हें भरने के लिए उम्मीदवारों की जरूरत हो, और तब, जब विशेष उम्मीदवार खाली हों और उन्हें भरने के लिए पदों की आवश्यकता हो। शासकीय सेवा संहिता के अनुच्छेद 2 की धारा 11, उपधारा 3 में 'विशेष उम्मीदवार' की परिभाषा यह दी गयी थी—'ऐसा पदेच्छु नागरिक, जिसकी योग्यता अविशेष हो, पर सम्बन्ध विशेष हों—अर्थात् राज्य में किसी ऐसे व्यक्ति का वह कृपापात्र हो, जो स्वयं शासक हो या जिसका शासनकर्ताओं पर प्रभाव हो।'

जब पदों को आदमियों की, या आदमियों को पदों की आवश्यकता होती, तब सरकार 'आवश्यकता है' शीर्षक के अन्तर्गत आवेदन-पत्र मँगाने के लिए विज्ञप्ति प्रकाशित कराती। राज्य के अखबार केवल इस विज्ञप्ति के कारण ही खरीदे जाते थे। जिस अखबार में यह शीर्षक नहीं दिखता, उसे कोई नहीं खरीदता था। बिक्री बढ़ाने के लिए कुछ अखबार धोखा भी करते थे। एक अखबार ऊपर बड़े अक्षरों में छापता—'आवश्यकता है', और जब लोग इस शीर्षक से आकर्षित होकर अखबार खरीद लेते, तब नीचे यह लिखा हुआ मिलता—'नदी को पर्वत की, वृक्ष को भूमि की, गाय

को घास की, बच्चे को माँ की, नंगे को कपड़े की, अन्धे को आँख की, कुत्ते को पट्टे की, बैल को सींग की, मालिक को नौकरी की, भगवान को भक्त की, गधे को चन्दन की, बन्दर को आभूषण की—आवश्यकता किसे नहीं है? अर्थात् सब को है।' यह धाँधली देख कर दूसरे अखबार ने चेतावनी छापी—'नक्कालों से सावधान। हमारे पत्र की बिक्री देखकर कुछ पत्र 'आवश्यकता है' शीर्षक देकर निरर्थक बातें छापकर भोली-भाली जनता को धोखा देते हैं। इन विज्ञप्तियों में नौकरी के लिए आवेदन करने की सूचना नहीं रहती। हम जनता को चेतावनी देते हैं कि असली विज्ञप्ति देखकर और पूरा मजमून पढ़कर ही अखबार खरीदें। नक्कालों से सावधान रहें।'

एक-एक पद के लिए कई हजार आवेदन-पत्र आते। इन्हें छाँटने में दो-तीन साल लग जाते। इसके बाद उम्मीदवारों की परीक्षा और इंटरव्यू होता। नियम के अनुसार हर उम्मीदवार को हर तीन महीने में सूचित करना पड़ता था कि मैं अभी जीवित हूँ। जो सूचना नहीं देता, उसे मरा मानकर उसका नाम काट दिया जाता था। इससे चुनाव में सुविधा होती थी।

दो वर्ष बाद मुफतलाल को 'शासकीय सेवा विभाग' के कार्यालय से सचिव के एक पत्र की नकल, संचालक, सेवा विभाग के मार्फत, मिली। उस समय विभाग के सचिव श्रीमान् अस्पष्टजी थे। पत्र की नकल नीचे दी जा रही है—

'कार्यालय, शासकीय सेवा विभाग

प्रति,

श्री मुफतलाल, बी.ए.

सन्दर्भ : डिप्टी कलेक्टरी के लिए आपका आवेदन-पत्र

आपको सूचित किया जाता है कि आपका आवेदन-पत्र यथासमय इस कार्यालय में प्राप्त हो गया। 'शासकीय सेवा अधिनियम' की धारा 17

के अनुसार आप एक माह के भीतर इस कार्यालय को प्रमाण-पत्र सहित यह सूचित करें कि आप किसके 'आदमी' हैं, तथा वे किस श्रेणी में हैं।

सही—(अस्पष्ट)

सचिव।'

मुफतलाल ने एक सप्ताह के भीतर ही कार्यालय को सूचित कर दिया। उसके पत्र की नकल नीचे दी जा रही है—

'सेवा में,

श्रीमान् अस्पष्ट साहब,
सचिव,
शासकीय सेवा विभाग।

महाशय,

मुझे सूचित करते गर्व होता है कि मैं कुँअर अस्तभान का 'आदमी' हूँ। मैं उनके परिवार के सदस्य जैसा हूँ। अपने सम्बन्ध के प्रमाण हेतु मैं एक फोटोग्रुप की नकल भेज रहा हूँ जिसमें मैं उनके साथ खड़ा हूँ।

विनम्र,
मुफतलाल।'

स्पष्ट है कि हर उम्मीदवार किसी 'बड़े' का 'आदमी' होने की कोशिश करता था। इन 'बड़ों' की तीन श्रेणियाँ होती थीं। राजपरिवार के सदस्य, मन्त्री और उपमन्त्री 'क' श्रेणी में आते थे; विधानमंडल के सदस्य और विभागीय सचिव 'ख' श्रेणी में होते थे और इन्हें प्रभावित कर सकने वाले 'ग' श्रेणी में। यह श्रेणी-विभाजन पद के अनुसार ही नहीं, प्रभाव के अनुसार भी होता था। मुख्य आमात्य का निजी डॉक्टर ससम्मान 'अ' श्रेणी में रखा गया था। उसके प्रभाव का कारण स्पष्ट है।

कार्यालय में सूचनाएँ आ जाने पर बड़े आदमी की श्रेणी के अनुसार

उम्मीदवारों का वर्गीकरण हो जाता। इसके बाद एक फर्म की उपादेयता स्पष्ट करने के लिए मुफतलाल से सम्बन्धित जानकारी सामने के पृष्ठ पर दी जाती है–

उम्मीदवारों के इंटरव्यू और चुनाव के लिए पाँच अफसरों का एक आयोग बैठता था। आयोग के सदस्यों के पास फार्म 'ख' पहले ही भेज दिया जाता था और वे दो प्रकार के प्रश्न तैयार कर लेते थे–जिसे लेना है, उसके लिए एक प्रकार के प्रश्न और जिसे नहीं लेना, उसके लिए दूसरे प्रकार के।

शासकीय सेवा विभाग

फार्म–ख

नाम	योग्यता	उम्र	किसका आदमी?	श्रेणी	सम्बन्ध	भेंट आदि का विवरण	लेना या नहीं	विशेष
मुफतलाल	बी.ए.	28 वर्ष	कुँअर अस्तभान का	क	मित्र	कुछ नहीं	लेना	–

जैसा कि फार्म 'ख' से स्पष्ट होगा, जो किसी का 'आदमी' नहीं होता था, उसकी नियुक्ति की कोई सम्भावना नहीं होती थी। ऐसों को इंटरव्यू के लिए नहीं बुलाया जाता था। इनमें जो असाधारण योग्यता वाला होता, उसे न्याय के प्रदर्शन के हेतु इंटरव्यू के लिए बुला तो लिया जाता, पर वहाँ वह अयोग्य सिद्ध कर दिया जाता था।

इंटरव्यू का दिन निश्चित हो गया। मुफतलाल को कार्यालय से सूचना मिल गयी।

एक विशाल इमारत के एक सजे कमरे में आयोग बैठा है। बाहर बरामदे में सैकड़ों उम्मीदवार इकट्ठे हैं, कुछ खड़े हैं, कुछ टहल रहे हैं और

कुछ थककर बैठ गये हैं। हर उम्मीदवार यथासम्भव सजकर आया है। कुछ को देखकर ऐसा लगता है कि वे सशरीर लांडरी से निकल अभी आ रहे हैं। कुछ ऐसे भड़कीले कपड़े पहने हैं मानो नाटक कम्पनी में काम करने के लिए आये हों। कुछ बिल्कुल नया सूट पहने हैं; कुछ पुराना, पर धुला। और माँगे के कपड़े तो अलग ही दीख रहे हैं। कुछ पैंट पहनकर भी धोती की चाल चलते हैं और कुछ के पैंट के भीतर तो धोती का आभास होता है। उम्मीदवारों के हाथ में डिग्रियाँ और सिफारिशी पत्रों के पुलिन्दे हैं। कुछ उम्मीदवार फ्रेम में मढ़ी डिग्री ही दीवार से निकाल लाए हैं।

पसीना बह रहा है। उम्मीदवार बरामदे के छोर पर जाकर रूमाल निचोड़ आता है और फिर पसीना पोंछने लगता है।

मुफतलाल बिल्कुल आश्वस्त था। उसके सामने एक बड़ा तेज और रोबदार युवक पड़ा। वह बहुत सुन्दर, सुसंस्कृत और प्रतिभावान् लगता था। मुफतलाल ने पूछा—"आपके क्या क्वालिफिकेशन्स (योग्यताएँ) हैं?"

उसने उत्तर दिया, "एम.ए. फर्स्ट क्लास, एल.एल.बी. फर्स्ट 'क्लास।"

मुफतलाल जरा भी प्रभावित नहीं हुआ। उसने काम की बात पूछी, "आप किसके आदमी हैं?"

इस प्रश्न से युवक चौंका। उसके चेहरे पर रोष का भाव आया। उसने कहा, "मैं क्यों किसी का आदमी होने चला? यह तो पशुओं में होता है कि 'फलाँ का बैल' और 'अमुक का कुत्ता'। मैं क्या जानवर हूँ कि किसी मालिक का पट्टा गले में डाले फिरूँ?"

मुफतलाल पर इस तीखी बातों का भी कोई असर नहीं हुआ। उसे उस अभागे युवक पर दया आयी।

उस युवक ने पूछा, "और आप किसके आदमी हैं?"

मुफतलाल ने गर्व से उत्तर दिया, "कुँवर अस्तभान का।"

"और आपकी योग्यता?"

"और योग्यता किसे कहते हैं?" मुफतलाल ने तुनककर जवाब दिया।

युवक मुस्कुराया। मुफतलाल को पहली बार बुरा लगा। उसे लगा, जैसे उसका फर्स्ट क्लास मेरे थर्ड क्लास के पीछे हँसी उड़ाता, आवाजें कसता भाग रहा है। उसने जहरीली आवाज में कहा, "डिप्टी कलेक्टर मैं ही बनूँगा, तुम नहीं बन सकते। कभी तुम भूखे मरने लगो और अपनी प्रतिभा को खा न सको, तो मेरे पास आना। मैं तुम्हें अपने दफ़्तर में क्लर्क बना लूँगा।"

युवक कुछ जवाब देना चाहता था कि इसी समय उसका नाम पुकारा गया और वह रूमाल मुँह पर फेरकर भीतर चला गया।

भीतर पाँच सयाने बैठे थे। वे उम्मीदवारों के इंटरव्यू लेते थे, उनसे प्रश्न पूछते थे और योग्य उम्मीदवारों का चुनाव करते थे।

एक सयाने ने उस युवक से नाम पूछा। नाम सुनकर उन सबने फार्म 'ख' देखा। उसमें लिखा था—'किसी का आदमी नहीं।'

सयाने उससे प्रश्न पूछने लगे।

एक ने पूछा, "वेदान्त की माया और सांख्य की प्रकृति में क्या भेद है?"

उम्मीदवार ने दर्शन का इतना अध्ययन नहीं किया था। वह नहीं जानता था कि डिप्टी कलेक्टरी के लिए दार्शनिक की आवश्यकता है। फिर भी वह सोचकर उत्तर देने का प्रयत्न करने लगा।

सयानों के मुखिया ने मुँह बनाकर कहा, "कितनी देर लगाते हो! डल! वेरी डल!"

दूसरे सयाने ने प्रश्न किया, "कान्ट ने विशुद्ध तर्क की क्या प्रवृत्ति प्रतिपादित की है?"

उम्मीदवार फिर चकरा गया। उसने दर्शन नहीं पढ़ा था। वह मुँह देखने लगा। उसे पसीना आने लगा।

सयाना बोला, "इसे तो कुछ भी नहीं आता। बिल्कुल 'डल' है।"

मुखिया ने अन्त में दो सयानों से पूछा, "आप लोगों को कुछ पूछना है?"

वे बोले, "अब क्या पूछना है? देख तो लिया!"

इंटरव्यू समाप्त हो गया। वह मुँह लटकाकर बाहर निकला। मुफतलाल उसे देखकर बकरे की बोली बोला।

मुफतलाल की पुकार हुई। वह सयानों के सामने जाकर खड़ा हो गया।

नाम पूछकर सयानों ने फार्म 'ख' देखा। लिखा था, 'कुँअर अस्तभान का आदमी।'

सयाने वात्सल्य से उसकी ओर देखने लगे। मुखिया ने बड़े प्रेम से कहा, "खड़े क्यों हो, बेटा! बैठ जाओ।"

मुफतलाल एक कुर्सी पर बैठ गया।

प्रश्न पूछे जाने लगे।

एक सयाने ने पूछा, "कुमार साहब कैसे हैं?"

मुफतलाल ने जवाब दिया, "अच्छे हैं।"

दूसरे ने पूछा, "आज तुमने क्या खाया था?"

मुफतलाल तपाक से बोला, "रोटी, चावल, दाल, सब्जी, अचार।"

उसकी तत्परता से सब प्रभावित हुए। मुखिया ने कहा, "कैसे तपाक से जवाब देता है! वेरी स्मार्ट।"

तीसरे सयाने ने पूछा, "आजकल शहर में कौन-सा अच्छा फिल्म चल रहा है?"

मुफतलाल ने फौरन उत्तर दिया, "चौदहवीं का चाँद'—जिसमें वहीदा रहमान, गुरुदत्त, जानी वॉकर, हैलन वगैरह काम करते हैं।"

मुखिया ने कहा, "वाह! बड़ा होशियार और स्मार्ट लड़का है।"

इंटरव्यू समाप्त हुआ।

सयानों के मुखिया ने कहा, "बेटा, तुम्हारी योग्यता से हम सब प्रभावित हुए। तुम डिप्टी कलेक्टरी के लिए चुन लिए गये। नियुक्ति के आदेश का इन्तजार करो। चुनाव के बाद नियुक्ति में तीन महीने भी लग सकते हैं, तीन साल भी और दस साल भी। किसी-किसी को तो रिटायर होने की उम्र में नियुक्ति-पत्र मिलता है। पर तुम कुँअर साहब के आदमी हो, इसलिए तुम्हारी नियुक्ति जल्दी हो जाएगी। जाओ, तुम्हारा भविष्य उज्ज्वल है।"

मुफतलाल ने सयानों को प्रणाम किया और बाहर आ गया।

विवाह-प्रस्ताव राजा निर्बल सिंह का

राजा निर्बल सिंह पड़ोस के एक राज्य के अधिपति थे। उनकी अवस्था सौ वर्ष से ऊपर हो चुकी थी। वे कई वर्षों से रोग-शय्या पर पड़े थे और प्रतिदिन उनकी मृत्यु की आशा की जाती थी। राजा निर्बल सिंह की अनेक रानियाँ थीं और इसी अनुपात में पुत्र, पौत्र, प्रपौत्र थे। 51 जीवित राजकुमारों के वे पिता कहलाते थे। ये राजकुमार भी अब वृद्ध हो गये थे और उन्हें निर्बल सिंह पर बड़ा क्रोध था। क्रोध का कारण यह था कि राजा निर्बल सिंह ने देह-त्याग करने में इतना विलम्ब कर दिया था कि राजकुमारों की राज करने की उम्र निकली जा रही थी। जब से वे बीमार पड़े थे, राजकुमार बड़ी आशा से उसकी शय्या के पास बैठे रहते। पर दिन-पर-दिन निकलते जाते और निर्बल सिंह के प्राणपखेरू पिंजड़ा छोड़ने का उपक्रम नहीं करते थे।

राजा की पच्चीसों रानियाँ, जो स्वयं बूढ़ी हो चली थीं, अपने-अपने बेटे के मस्तक पर तिलक करवाने का प्रयत्न कर रही थीं।

मृत्यु-शय्या पर पड़े-पड़े राजा निर्बल सिंह ने नागफनी के रूप और गुण की प्रशंसा सुनी। कराहकर उन्होंने करवट बदली और विलास-मन्त्री को पास बुलाया। राजा के भोग-विलास का प्रबन्ध करने के लिए एक अलग विलास-मंत्रालय था। विलास-मन्त्री अपना कान राजा के मुख तक ले गया। राजा ने लड़खड़ाती जबान में उसके कान में कहा, "नागफनी से विवाह करूँगा।"

विलास-मन्त्री ने आज तक अपने राजा की इच्छा पूरी करने में देर नहीं की थी। वह तुरन्त विवाह का प्रस्ताव लेकर राजा राखड़ सिंह के दरबार में पहुँचा।

उसने दो थाल हीरे-जवाहरात राखड़ सिंह के सामने रखकर कहा, "महाराज, हमारे राजा साहब ने आपके श्रीचरणों में तुच्छ भेंट सादर समर्पित की है।"

राखड़ सिंह ने मुस्कराते हुए कहा, "मैं बहुत प्रसन्न हुआ। राजा निर्बल सिंह अब दूसरे लोक जाने की तैयारी कर चुके हैं। ऐसी हालत में भी, यह भेंट ईश्वर-अर्पण न करके मुझे अर्पित की है, तो इसमें अवश्य उनका कोई महान् प्रयोजन होना चाहिए।"

विलास-मन्त्री ने निवेदन किया, "महाराज का अनुमान सत्य है। हमारे महाराज मृत्यु के पहले एक बार और विवाह करना चाहते हैं। उन्होंने राजकुमारी नागफनी के रूप और गुण की प्रशंसा सुनी है और आपकी सेवा में मुझे सम्बन्ध निश्चित करने के लिए भेजा है।"

यह सुनकर राजा राखड़ सिंह विचार में पड़ गये। विचार करने का उन्हें कभी अभ्यास नहीं था, इसलिए विचार की पीड़ा उनके मस्तक पर स्पष्ट उभर आयी। उन्होंने कहा, "मन्त्री, यह मेरा सौभाग्य है कि राजा निर्बल सिंह जैसे यशस्वी राजा मेरे दामाद बनना चाहते हैं। पर वे तो मृत्युशय्या पर हैं। सम्भव है तुम मेरी स्वीकृति लेकर जब पहुँचो, तब उनकी अर्थी बँधती हो। ऐसी स्थिति में वे विवाह क्यों करना चाहते हैं?"

विलास-मन्त्री ने उत्तर दिया, "महाराज, हमारे राजा इस लोक के सुख के लिए नहीं, उस लोक के सुख के लिए विवाह करना चाहते हैं। वे ज्ञानी हैं। जानते हैं कि यदि उनकी अर्थी पर तरुणी पत्नी की चूड़ियाँ नहीं फूटीं, तो उस लोक में उन्हें सुख नहीं मिलेगा।"

राजा राखड़ सिंह ने कहा, "मन्त्री, उनका विचार नीति-संगत है। परन्तु मैं यदि अपनी लड़की देकर उनका परलोक सुधारने में सहायता करूँगा, तो मेरे और मेरी लड़की के इहलोक का ध्यान भी तो उन्हें रखना

चाहिए।"

विलास-मन्त्री अनुभवी था। वह इस स्थिति के लिए तैयार था। उसने कहा, "सो सब हमारे राजा साहब के ध्यान में है। इस विवाह में उनका एक उद्देश्य और है। उनके पुत्रों में राजगद्दी के लिए कठिन स्पर्धा है। वे नहीं तय कर पा रहे हैं कि किसे राजगद्दी दें। यदि राजकुमारी नागफनी से उनका विवाह हो गया, तो वे यह कहकर इस समस्या को टाल देंगे कि मैंने वचन दिया है कि नवीन रानी का पुत्र राजगद्दी प्राप्त करेगा। यह तो निश्चित ही है कि नवीन पत्नी से पुत्र प्राप्त करने के पहले ही वे स्वर्ग सिधार जाएँगे। उनके बाद नागफनी देवी राज करेंगी। ऐसा तो होता आया है। महाराज शान्तनु ने सत्यवती को यही वचन तो दिया था। जब राजा वृद्धावस्था में नया विवाह करता है तो उसके पुत्र समझ जाते हैं कि नयी रानी के पुत्र को गद्दी मिलेगी।"

राखड़ सिंह को प्रस्ताव पसन्द आया। पर वे भविष्य में दूर तक विश्वास नहीं करते थे। उन्होंने कहा, "यह तो दूर की बात हुई। पास की बात कहो। तुम्हें याद रखना चाहिए कि राजा निर्बल सिंह की सद्गति के लिए मैं कितना बड़ा बलिदान कर रहा हूँ।"

विलास-मन्त्री ने पुनः नमन करके कहा, "महाराज, उसका भी विचार किया है। आप ऐसा समझें कि आप पुत्र का विवाह कर रहे हैं, पुत्री का नहीं। हमारे महाराज बिस्तर से नहीं उठ सकते। इसलिए बारात लेकर आपको आना पड़ेगा। इससे आप एक नयी परम्परा को जन्म देंगे और भविष्य में विवाह-लोलुप वृद्ध आपको आशीर्वाद देंगे। आप नहीं जानते, वृद्धों को बारात लेकर जाने में कितनी तकलीफ होती हैं। यदि यह नई परम्परा आरम्भ हो गयी, तो अरथी उठते-उठते भी बूढ़ों का विवाह हो सकेगा। आप जब बारात लेकर आएँगे तो दहेज वगैरह राजा साहब की ओर से आपको मिलेगा और राजा साहब मुँह माँगा देंगे।"

राजा राखड़ सिंह को इस व्यवस्था से सन्तोष हुआ। पर वे चतुर थे। उन्होंने कहा, "मैं चार-पाँच दिनों में अपना निर्णय बतलाऊँगा।"

विलास-मन्त्री का हृदय बैठने लगा। वह हाथ जोड़कर बोला, "महाराज, वहाँ तो घड़ी घट रही है। न जाने चार दिनों में क्या हो जाय!"

राजा राखड़ सिंह हँसे। कहने लगे, "तुम निश्चिंत रहो। वे अभी मरेंगे नहीं। एकाध महीने उनका मन विवाह में अटका रह सकता है। मैं निर्बल सिंह को जानता हूँ। तुम जाओ और मेरे सन्देश की प्रतीक्षा करो।"

विलास-मन्त्री प्रणाम करके चला गया।

इधर जब नागफनी को यह बात मालूम हुई तो वह रोने लगी। रोती-रोती वह अपने पिता के पास आयी और बोली, "पिताजी, आप मुझे कुएँ में क्यों नहीं डाल देते?"

"वही कर रहा हूँ," असावधानी में उनके मुँह से निकल गया। सँभलकर कहा, "तुझे शर्म नहीं आती? बाप के सामने मुँह खोलती है?"

'पर मैं चुप भी कैसे रहूँ? आप मेरा जीवन नष्ट करने पर तुले हैं।"

"सुन, लड़की का जीवन अपना नहीं होता, विवाह के पहले बाप के अधिकार में होता है और विवाह के बाद पति के। वे उसे नष्ट कर सकते हैं और मैं तो तेरे भले की सोच रहा हूँ।"

"इसमें मेरा क्या भला है? वे इतने वृद्ध हैं।"

"पुरुष कभी बूढ़ा नहीं होता। निर्बल सिंह अभी कुल 100 साल के तो हुए ही हैं और फिर तेरे सामने महान् परम्परा है। पति जैसा हो, पत्नी को भी वैसी हो जाना चाहिए। धृतराष्ट्र अन्धे थे तो गांधारी जीवन-भर आँखों पर पट्टी बाँधे रही।"

नागफनी ने कुछ कहने के लिए मुँह खोला, पर राखड़ सिंह तुरन्त बोल उठे, "बेटी, तेरा भाग्य खुल रहा है। निर्बल सिंह की यह अन्तिम शादी होगी और अस्तभान की पहली। निर्बल सिंह के यहाँ सबसे ऊँची प्रतिष्ठा तेरी होगी। पर अस्तभान तो अभी और विवाह भी करेगा और तेरी प्रतिष्ठा घटती जाएगी। इसलिए अस्तभान का खयाल छोड़कर निर्बल सिंह से शादी कर ले।"

नागफनी ने पुनः विरोध किया। तब राखड़ सिंह ने क्रोध से कहा, "अब मैं तेरी कोई बात सुनने को तैयार नहीं। अगर तू नहीं मानेगी, तो मैं तुझे मारकर तेरी लाश से शादी कर दूँगा। जा, दूर हो मेरे सामने से।"

नगाफनी रोती हुई अपने कमरे में चली गयी।

थोड़ी देर बाद करेलामुखी आयी। नागफनी ने उसे सब बातें बताईं और कहा, "चौथे दिन मेरी शादी हो जाएगी और पाँचवें दिन मैं विधवा हो जाऊँगी।" दोनों सखियाँ बड़ी देर तक गले लगकर रोती रहीं।

करेलामुखी ने पहले आँसू पोंछे। सहसा उसके मुख पर दृढ़ता आ गयी, उसमें अद्भुत तेज का उदय हुआ और उसने कहा, "राजकुमारी, तुम घबड़ाओ मत। यह अन्याय मेरे प्राण रहते नहीं हो सकेगा। तुम्हारा प्रेमी भी क्षत्रिय है। कितना भी पतला हो, पर है तो उसकी नसों में भी उन्हीं प्राचीन वीरों का रक्त। तुम तो वीरों का इतिहास जानती हो। जब किसी राजकुल की कन्या पर ऐसा संकट आया है, उसने प्रेमी को अन्तिम सन्देशा भेज दिया है और प्रेमी आकर उसे ले गया है। संयोगिता को पृथ्वीराज चौहान इसी प्रकार ले गये थे। तुम कुँअर अस्तभान को अन्तिम सन्देशा भेजो।"

नागफनी ने पूछा, "सन्देशा ले कौन जाएगा?"

'मैं ले जाऊँगी, चाहे मेरी जान चली जाए," करेलामुखी ने कहा।

दोनों ने मिलकर सन्देशे का मसौदा बनाया और दोपहर को जब पहरेदार अफीम खाकर ऊँघ रहे थे, करेलामुखी महल के बाहर निकल गयी। बाहर निकलकर उसने एक मोटर किराए पर ली और शाम होते-होते अस्तभान के महल पहुँच गयी।

अस्तभान और मुफतलाल ने उसे देखा तो अचरज में आ गये। उन्हें आशंका ने घेर लिया। कुछ अनर्थ हो गया है!

करेलामुखी ने जाते ही कहा, "मेरे पास बहुत समय नहीं है। राजकुमारी का सन्देश देने मैं आयी हूँ। उन्होंने कहलाया है–'आज से चौथे दिन मेरा विवाह राजा निर्बल सिंह से कर दिया जाएगा। अगर

आपकी भुजाओं में बल है, तो मुझे यहाँ से निकाल ले जाएँ।"

अस्तभान सन्नाटे में आ गया। उससे पहले तो कुछ बोलते नहीं बना, फिर घबड़ाता हुआ बोला, "तुम बैठो। मुझे विस्तार से सब बातें तो बताओ।"

करेलामुखी ने कहा, "इसमें विस्तार कुछ है ही नहीं। कुल इतनी सी बात है। आपकी भुजाओं में बल हो तो अपनी चहेती को प्राप्त करें।"

इतना कहकर वह चली गयी।

थोड़ी देर दोनों मित्र चुप बैठे रहे। फिर अस्तभान ने कहा, "मित्र, क्या सन्देशा है उसका?–यदि तुम्हारी भुजाओं में बल हो तो...!" उसने आस्तीन चढ़ाकर अपनी भुजाएँ देखीं और कहा, "मित्र, जरा देखो तो। मेरी भुजाओं में बल है?"

मुफतलाल ने भुजाएँ टटोलकर कहा, "नहीं है।"

"तो फिर?" अस्तभान ने आँखें फाड़कर कहा।

मुफतलाल ने कहा, "आपकी इन भुजाओं के बल को अपील करने से कुछ नहीं होगा। ये प्रेमिकाएँ बड़ी विचित्र होती हैं। ये पहले नहीं बतातीं कि आगे बाहुबल का काम पड़ेगा। जब प्रेमी इनके विरह में टिटहरी हो जाता है तब खबर भेजती हैं कि भुजाओं में बल हो तो मुझे ले जाओ। सारा बल छीनकर बल की दुहाई देती हैं।"

अस्तभान ने आस्तीन से अपनी दुर्बल बाँहों को ढँकते हुए कहा, "तो क्या मैं उसे हमेशा के लिए खो दूँगा?"

मुफतलाल ने कहा, "नहीं, ऐसे घबड़ाने की जरूरत नहीं है। नागफनी देवी के सन्देश का अर्थ यह नहीं है कि आप स्वयं तलवार हाथ में लेकर पहुँच जावें। आप चाहें तो फौज भेजकर उन्हें छुड़ा सकते हैं।"

अस्तभान ने कहा, "ऐसा करने से तो युद्ध हो जाएंगा।"

मुफतलाल ने कहा, "तो हो जाने दीजिए। इसकी चिन्ता आपके पूर्वजों ने कभी नहीं की। पुराण और इतिहास पढ़िए। जब किसी राजा का मन किसी लड़की पर आ गया, तब उसने राज्य को युद्ध में झोंकने में

आनाकानी नहीं की। लाखों सैनिक इसलिए सिर कटाने पहुँच जाते थे कि उनके राजा का जी उस लड़की पर आ गया है।"

बात मजाक की तरह कही गयी थी। पर अस्तभान समझा कि मेरा मित्र समझता है कि मैं युद्ध से डरता हूँ। उसने कहा, 'मित्र, मैं कायर नहीं हूँ। मैं युद्ध से नहीं डरता। हमारे कुल में कभी भी किसी भी बात पर युद्ध छेड़ देने की परम्परा है। युद्ध बहुत उपयोगी चीज है, अगर उसका चुतराई से उपयोग किया जाय। लोग युद्ध को विध्वंसक चीज मानते हैं; वे उसके रचनात्मक पहलू को नहीं देखते। तुम्हें मालूम है चार साल पहले हमारा युद्ध पड़ोस के राज्य से क्यों हुआ था? बात यह हुई कि उस साल हमारे यहाँ के जूता-व्यापारियों ने बहुत जूते बना डाले। इतनी जरूरत तो राज्य में थी नहीं। लाखों जोड़ी जूते पड़े सड़ने लगे। व्यापारियों का दिवाला निकलने की नौबत आ गयी। वे पिताजी के पास आये और प्रार्थना की कि हमारे जूतों की बिक्री का प्रबन्ध कीजिए। पिताजी ने पड़ोसी राज्य से कहा कि हमारे जूते खरीदो। उसने कहा कि हमें जरूरत नहीं है; हम अपनी आवश्यकतानुसार जूते यहीं बना लेते हैं। यह सुनकर पिताजी ने युद्ध छेड़ दिया। घमासान युद्ध हुआ, हजारों आदमी मारे गये, सैकड़ों गाँव तबाह हो गये। आखिर उस राज्य ने सन्धि का प्रस्ताव किया। पिताजी ने सन्धि में शर्त रखी कि तुम्हारे राज्य में जूता बनाना बन्द हो जाएगा और तुम्हारी प्रजा को हमारे व्यापारियों के बनाए जूते पहनने पड़ेंगे। अब हमारे व्यापारी मनमाने दाम पर उस राज्य में जूते बेचते हैं और मालामाल हो रहे हैं।"

मुफतलाल बहुत चकित हुआ। उसने कहा, "अच्छा, व्यापारियों के जूते बिकवाने के लिए वह युद्ध किया गया था? लेकिन प्रजा को तो बताया गया था कि उस राज्य में मानव अधिकारों का हनन हो रहा है और हम मनुष्य की स्वतन्त्रता और गरिमा के लिए लड़ रहे हैं।"

अस्तभान ने कहा, "यह राजकीय रहस्य है जो किसी को बताया नहीं जाता। यदि लोग जान जाते कि यह युद्ध अपने व्यापारियों के जूते बिकवाने के लिए है तो वे धार्मिक जोश के साथ लड़ने क्यों जाते? युद्ध

सफलता से तभी लड़ा जा सकता है जब उसका सही कारण जनता को मालूम न हो।"

मुफतलाल बोला, "कुमार, यह तो बड़ी विचित्र बात है। आपका मतलब है कि जनता को अकारण ही लड़वाया जा सकता है।'

अस्तभान ने समझाया, 'हाँ, बशर्ते कि भ्रम पैदा किया जा सके। लेकिन तुम शायद युद्ध को बुरा समझते हो?"

मुफतलाल ने कहा, "हाँ, युद्ध बुरा तो होता ही है।"

अस्तभान हँसा। कहने लगा, "ऐसा नहीं है। युद्ध कभी-कभी आवश्यक भी होता है और उससे बड़ी-बड़ी समस्याएँ हल हो जाती हैं। एक बार हमारे राज्य में भयंकर गरीबी फैली। लाखों आदमी भूखे और नंगे रहने लगे। वे ऊधम मचाते और राजमहल के सामने इकट्ठे होकर पिताजी से रोटी और कपड़ा माँगते। पिताजी को लगा कि वे सरकार को पलट देंगे। उन्होंने एक तरकीब निकाली। एक दिन बड़ी जोशीली अपील जारी की जिसमें कहा कि 'राजा निर्बल सिंह ने हमारी तीन वर्ग फीट जमीन अपने राज्य में मिला ली है। इस भूमि के निवासी, जो हमारे भाई हैं और हमारा धर्म मानते हैं, हमसे अलग हो गये हैं। हम यह बरदाश्त नहीं कर सकते। हम अपनी भूमि का एक इंच भी किसी को नहीं देंगे। वीरों उठो, मातृभूमि के सम्मान के लिए खून बहा दो और उस तीन वर्ग फीट भूमि पर बसने वाले भाइयों को अपने में मिला लो।'—बस, लोग भूख-प्यास भूलकर लड़ने चल दिए। अन्न और कपड़े की समस्या अपने-आप हल हो गयी। अभी भी जब प्रजा असन्तोष प्रकट करती है तब पिताजी उसे उस तीन वर्ग फीट जमीन की याद दिला देते हैं।"

मुफतलाल यद्यपि बचपन से अस्तभान का साथी था, तो भी उसे ये रहस्य मालूम नहीं थे। जिन युद्धों का उल्लेख अस्तभान ने किया, उनमें उसने भी जोश अनुभव किया था और लोगों को लड़ने के लिए प्रोत्साहित किया था। उसे अब अपने कार्य पर लज्जा आने लगी।

मुफतलाल को परेशान देखकर अस्तभान ने कहा, "मित्र, तुम

आश्चर्य में पड़ गये। राजकार्य में ये सब हथकंडे सामान्य नीति के अन्तर्गत आ गये हैं। मैं तुम्हें बताता हूँ कि दो राज्यों में युद्ध कैसे कराया जाता है और उससे कैसे फायदा उठाया जाता है। एक बार हमारे राज्य में हथियार बहुत बने। हमने राजा राखड़ सिंह को 10 हजार तलवारें दे दीं। ज्यों ही निर्बल सिंह को मालूम हुआ, वह चिन्ता में पड़ गया। उसने कहा कि हमारे पड़ोसी राज्य के पास अधिक अस्त्र हो गये हैं जिससे शक्ति-सन्तुलन बिगड़ गया है। हमें राखड़ सिंह के राज्य से खतरा पैदा हो गया है। हमने 10 हजार तलवारें उसे भी दे दीं। यह देखकर राखड़ सिंह ने हमसे 10 हजार भाले खरीद लिए। निर्बल सिंह को मालूम हुआ तो उसने भी 10 हजार भाले खरीद लिए। दोनों ओर से आरोप-प्रत्यारोप होने लगे। दोनों एक-दूसरे से कहते कि तुम युद्ध-सामग्री बढ़ा रहे हो और हम पर हमला करने वाले हो। दोनों ओर से युद्ध की धमकी दी जाने लगी। हम मनमानी कीमत पर दोनों को हथियार बेचने लगे। पिताजी चाहते थे कि दोनों में युद्ध हो जाय। पर एक दिन सुना कि दोनों ने सन्धि कर ली। यह सुनकर पिताजी के हृदय को बड़ा आघात लगा। दो-तीन दिन तो वे किसी से बोले नहीं। अब हमारे हथियार कौन ख़रीदेगा? चौथे दिन उन्होंने हमारी सेना से 100 सैनिक निर्बल सिंह के सैनिकों के रूप में राखड़ सिंह के राज्य में भेज दिए। उन्होंने सीमा पर लड़ाई शुरू कर दी। परिणाम जो चाहा था, वही हुआ। दोनों राज्यों मे भयंकर युद्ध शुरू हो गया और हमारे सब हथियार बिक गये।"

मुफतलाल का सिर चकराने लगा। उसने कहा, "कुमार, मुझे इन रहस्यों से कोई मतलब नहीं। मैं तो आपका सेवक हूँ। मैं तो चाहता हूँ कि आपका विवाह देवी नागफनी से हो जाय तो मैं अपनी नौकरी पर जाऊँ। पर निर्बल सिंह के बीच में आ जाने से परिस्थिति बिगड़ गयी है।"

अस्तभान, जो अपने कुल की युद्ध-परम्परा के वर्णन में खो गया था, अब फिर चिन्ता में पड़ गया। बोला, "मित्र, तू ही कुछ कर। मेरी अक्ल कुछ काम नहीं करती। किसी तरह नागफनी को यहाँ लाना होगा।"

मुफतलाल थोड़ी देर सोचता रहा। फिर बोला, "कुमार, नगर के पास एक आश्रम में बड़े पहुँचे हुए महात्मा, जोगी, प्रपंचगिरि रहते हैं। वे बड़-बड़े चमत्कार करते हैं। मैं उनके पास जाऊँगा। वे देवी नागफनी को प्राप्त करने की तरकीब बताएँगे।"

अस्तभान के चेहरे पर आशा चमक उठी। बोला, "मित्र, तू एकदम जा। देर मत कर। मेरी साँस अटकी है।"

मुफतलाल उठकर चला गया।

इधर अस्तभान ने अपनी भुजाओं को फिर खोलकर देखा और अर्द्धमूर्छित हो बिस्तर पर लेट गया। बड़बड़ाता जाता था—"अगर आपकी भुजाओं में बल हो तो..."

आना जोगी प्रपंचगिरि का

जोगी प्रपंचगिरि बड़े पहुँचे हुए महात्मा थे। वे पहले राखड़ सिंह के राज्य में चोरी करते और डाका डालते थे। तब उनका नाम जालिम सिंह था। एक बार पकड़े गये। जिस अफसर का उन्होंने मासिक अलाउंस बाँध रखा था उसे तीन महीने से अपना पैसा नहीं मिला था, इसलिए उसने उन्हें पकड़ लिया। जालम सिंह पर डाका डालने और हत्या करने का मुकदमा चला और आजन्म कैद की सजा हो गयी। एक साल बाद ही जालिम सिंह जेल से भाग गया और गिरोह बनाकर फिर डाका डालने लगा।

एक दिन उसकी भेंट एक सन्त से हो गयी। सन्त के कारण सारे डाकू परेशान थे। वे पुलिस से इतना नहीं डरते थे जितना इस सन्त से। जो डाकू मिल जाता, सन्त उसका हृदय-परिवर्तन कर देते। डाकू अपना-अपना हृदय बचाए भागे फिरते थे। सन्त आते दिखते तो डाकू चिल्लाकर एक-दूसरे को सावधान कर देते—'अरे भागो! सन्त आ रहे हैं। पकड़ लिया तो हृदय बदल देंगे।'

एक दिन जालिम सिंह बड़ा हठ करके सन्त के पास गया। उसके साथियों ने रोका तो उसने बड़ी अकड़ से कहा, "वे कोई और होंगे जिनका हृदय बदल जाता होगा। मेरा तो हृदय ही नहीं है, बदलेगा क्या?"

जालिम सिंह सन्त के पास गया। वहाँ जाते ही उसका सारा अभिमान मिट्टी में मिल गया। एक दिन में ही उसका हृदय-परिवर्तन हो गया। उसने वैराग्य ले लिया और शेष जीवन मानव-सेवा में लगाने का संकल्प किया।

जालिम सिंह ने अब जटा बढ़ा ली, गेरुए वस्त्र पहन लिए और सुमरनी हाथ में ले ली। उसका नाम जोगी प्रपंचगिरि हो गया।

मानव-सेवा के लिए जोगी प्रपंचगिरि ने एक आश्रम खोला जिसमें भगाकर लाई गयी लड़कियाँ रखी जातीं और उनका व्यापार होता। यह उच्चकोटि की मानव-सेवा थी। जोगी प्रपंचगिरि कहते थे, "समाज में कितनी ही स्त्रियाँ बिन-ब्याही रह जाती हैं। उनमें साहस नहीं होता कि घर त्यागकर अपने लिए पति खोज सकें। मैं उन अभागिनों को अपने आश्रम में ले आता हूँ और योग्य पुरुषों से उनका विवाह कर देता हूँ। वे मेरी धर्म-पुत्रियाँ हैं। मैं विधिपूर्वक उनका कन्यादान करता हूँ; जो थोड़ा-सा पैसा लेता हूँ, वह तो आश्रम के खर्चे के लिए जरूरी है।"

यह आश्रम बड़े मजे में चल रहा था। राज्य में जोगी प्रपंचगिरि की बड़ी इज्जत थी। बड़े-बड़े सामन्त और अधिकारी उनके यहाँ आते थे।

राखड़ सिंह के राज्य में उनकी गिरफ्तारी का वारंट अभी भी जारी था।

दूसरे दिन मुफतलाल प्रपंचगिरि को अस्तभान के महल में ले आया। कुमार ने उन्हें आदरपूर्वक बिठाया और अपनी समस्या उन्हें बताई। उनके चरणों पर गिरकर बोला, "मेरे प्राण नागफनी के बिना इस देह में नहीं रह सकते।"

प्रपंचगिरि ने लापरवाही से कहा, "कोई चिन्ता नहीं। आत्मा तो अमर है, राजकुमार! इस जन्म नहीं तो अगले जन्म में वह आपको मिलेगी। यह तो जन्म-जन्म का नाता है। एक बार किसी से हो जाय तो सौ जन्मों में भी उससे पिंड नहीं छूटता।"

कुमार ने व्याकुल होकर कहा, "नहीं, मुझे इसी जन्म में चाहिए। मुझे दर्शन नहीं नागफनी चाहिए। जितना पैसा लगे, मैं खर्च करने को तैयार हूँ।"

प्रपंचगिरि ने कहा, "आप वीरवंश के भूषण हैं। आपको इतनी कायरता शोभा नहीं देती। भगा क्यों नहीं लाते उस हरामजादी को?'

इतना सुनना था कि अस्तभान ने तलवार निकाल ली और प्रपंचगिरि

पर झपटा। मुफतलाल एकदम बीच में आ गया। अस्तभान ने तलवार नीची कर ली। मुफतलाल ने कहा, "आप एकाएक इतने उत्तेजित हो गये?"

अस्तभान क्रोध से फुफकार रहा था। कहा, "मैं इस जोगी का सिर काट लूँगा। इसने नागफनी को 'हरामजादी' कहा।"

मुफतलाल जोर से हँस पड़ा। बोला, "कुमार, आप भी बहुत भोले हैं। आप यह तो सोचिए कि जोगी प्रपंचगिरि पहुँचे हुए महात्मा हैं, परमहंस हैं। महात्मा ऐसा बोला ही करते हैं। जो जितना अंडबंड बकता है, वह उतना ही बड़ा महात्मा होता है। उनकी गाली तो आशीर्वाद होती है। अगर उन्होंने राजकुमारी नागफनी को 'हरामजादी' कह दिया है तो निश्चित मानिए कि उनका सौभाग्य अटल रहेगा।"

अस्तभान को अपने पर लज्जा आने लगी। उसने तलवार म्यान में डाली और प्रपंचगिरि से क्षमा माँगने लगा, "क्षमा करिए सन्तवर, मैंने आपको पहचाना नहीं था। अब मेरी आँखें खुल गयीं।"

प्रपंचगिरि के चेहरे पर शिकन तक नहीं आयी। उन्होंने मुस्कुराते हुए कहा, "कोई बात नहीं, कुमार! अज्ञान में ऐसी भूलें हो ही जाती हैं। मैं आपका काम करूँगा। राजकुमारी नागफनी को भगाकर आश्रम में ले जाऊँगा। काम जरा कठिन है, इसलिए अपने चेलों को न भेजकर मैं स्वयं जाऊँगा। मेरे साथ साधु-भेष में मुफतलाल होंगे और मेरे चार विश्वासी चेले। अच्छा, अब मैं चलता हूँ।"

थोड़ी देर बाद जोगी प्रपंचगिरि अन्तर्धान हो गये।

दूसरे ही दिन राजा राखड़ सिंह के राजमहल वाली सड़क पर जोगी प्रपंचगिरि चले जा रहे थे, उनके साथ था साधु-भेष में मुफतलाल और पीछे चार तगड़े चेले।

सहसा एक पुलिस की गाड़ी आकर रुकी और उसमें से दो-तीन पुलिस अफसर कूदे। पन्द्रह-बीस सिपाही भी निकले और पलक मारते प्रपंचगिरि और उनके साथियों को घेर लिया।

एक अफसर ने बढ़कर प्रपंचगिरि से पूछा, "क्या नाम है तुम्हारा?"

प्रपंचगिरि हँसते-हँसते बोले, "हमारा याने किसका? इस ढाँचे का जिसे 'देह' कहते हैं, या उस आत्मा का जो इस देह में स्थित है? उसका तो कोई नाम नहीं।"

अफसर को क्रोध आ गया। उसने कहा, "ठीक से नाम बताता है कि लगवाऊँ कोड़े?"

प्रपंचगिरि ने उसी प्रकार हँसते हुए कहा, "कोड़े ही लगवा ले! कोड़े देह को ही तो लगेंगे। तू आत्मा को कोड़े नहीं मार सकता। नैनं छिन्दंति शस्त्राणि नैनं दहति पावकः।"

मुफतलाल प्रपंचगिरि के उस सौम्य, अविचल रूप को देखकर मुग्ध हो गया। पुलिस न होती तो वह उनके चरणों पर गिर पड़ता। उसने किसी साधु को पुलिस के सामने इतना अविचल नहीं देखा था।

उधर अफसर अधीर हो उठा था। उसने हुक्म दिया, "बलभद्दर, लगाओ साले को दो-चार हाथ।"

यह सुनते ही प्रपंचगिरि बोल उठे, "बताता हूँ। मेरा नाम जोगी प्रपंचगिरि है।"

"कहाँ रहते हो?"

"हमारा क्या ठिकाना, बच्चा! रमता जोगी, बहता पानी। घूमते रहते हैं।"

अफसर ने फिर बलभद्दर को पुकारा और प्रपंचगिरि ने तुरन्त पता-ठिकाना बता दिया।

पुलिस वाले सब साधुओं को गाड़ी में बिठाकर कोतवाली ले गये। वहाँ एक फोटो निकालकर उससे प्रपंचगिरि के चेहरे का मिलान करके एक अफसर ने दूसरे से कहा, "यह जालिम सिंह है।"

यह सुनकर प्रपंचगिरि का चेहरा फक् हो गया।

दूसरे अफसर ने कहा, "जालिम सिंह दाढ़ी-मूँछ नहीं रखता था। इसकी दाढ़ी-मूँछ मुड़वा दें तो ठीक शिनाख्त हो सकती है।"

एक नाई बुलाया गया। उसने प्रपंचगिरि का मुंडन किया, दाढ़ी-मूँछ साफ की। तब उन अफसरों ने फोटो से मिलान करके कहा, "यह जालिम सिंह ही है।"

प्रपंचगिरि को हथकड़ी पड़ गयी। मुफतलाल ने उनके कान में कहा, "क्या मैं आपके लिए कुछ कर सकता हूँ? मुश्किल यह है कि यह दूसरे का राज्य है। अपना राज्य होता तो इन अफसरों को बरखास्त करवा देता।"

प्रपंचगिरि ने कहा, "तुम मेरी चिन्ता मत करो। तुम्हें ये लोग पूछताछ के बाद छोड़ देंगे। तुम सीधे आश्रम जाकर मेरे सहकारी स्वामी कपटानन्द को खबर दे देना। वह सब ठीक कर लेगा। मैं दो-चार दिनों में तुमसे आकर मिलता ही हूँ।"

कुछ झिझकते हुए मुफतलाल ने कहा, "बुरा न मानें तो एक बात कहूँ। आप पकड़े तो गये हैं। आपको गिरफ्तार करवाने पर दो हजार रुपयों के इनाम की घोषणा हुई थी। अगर आपको एतराज न हो तो मैं यह कहकर कि मैंने आपको गिरफ्तार करवाया है, दो हजार इनाम ले लूँ?"

प्रपंचगिरि ने जवाब दिया, "कोई हर्ज नहीं। तुम दाढ़ी-मूँछ निकाल फेंको और इन लोगों से कहो कि तुम्हीं मुझे फँसाकर यहाँ गिरफ्तार करवाने लाए थे। लेकिन एक शर्त है—आधा इनाम आश्रम को दान करना होगा।"

मुफतलाल ने दाढ़ी-मूँछ निकालकर फेंक दी और सबसे बड़े अफसर के पास जाकर बयान दिया कि मैं ही जालिम सिंह को फँसाकर गिरफ्तार करवाने लाया था।

उसका नाम, पता आदि लिखकर उसे छोड़ दिया गया। वह प्रपंचगिरि के आश्रम पहुँचा और कपटानन्द को सब समाचार बताकर अस्तभान के पास चला गया।

होना बातचीत राजा से मुफतलाल की

अस्तभान ने आह भरकर कहा, "मित्र, तरकीब एक के बाद एक असफल होती जाती है। किसने जाना था कि प्रपंचगिरि जैसे सिद्ध पुरुष भी पुलिस के चंगुल में फँस जाएँगे। यह मेरी किस्मत का ही दोष है जो उस महात्मा को कष्ट हो रहा है।"

मुफतलाल ने कहा, "कुमार, जोगी प्रपंचगिरि के कष्ट का खयाल मत कीजिए। उन्हें कोई कष्ट नहीं होगा। वे बीसों बार पुलिस की गिरफ्त में आ चुके हैं। पुलिस में उनकी बड़ी इज्जत है। वे किसी तरह छूटकर आते ही होंगे। आपकी समस्या यह है कि राजा निर्बल सिंह से राजकुमारी का विवाह कैसे रोका जाय? सबसे पहले हमें यह विवाह रुकवाना है।"

अस्तभान ने कहा, 'विवाह रुकवाने का तरीका तो यह होता है कि लड़की वाले को वर की कोई खराबी बता दी जाती है। वह बिचक जाता है। पर यहाँ तो लड़की का बाप जो जानता है, उससे अधिक बुराई क्या बताई जाय? वह जानता है कि निर्बल सिंह की लड़की मरघट पहुँच चुकी है; फिर भी वह विवाह करने को तैयार है। उसे कैसे रोका जा सकता है?"

मुफतलाल को एक तरकीब सूझी। वह बोला, "कुमार, एक तरकीब है। थोड़ा छल करना पड़ेगा। आप जानते हैं कि निर्बल सिंह के प्राण राजकुमारी नागफनी में अटके हैं। यदि कोई आदमी उनके पास जाय और कह दे कि मुझे राखड़ सिंह ने यह सन्देशा देकर भेजा है कि वे अपनी लड़की का विवाह आपसे करने के लिए तैयार नहीं हैं, तो तुरन्त निर्बल

सिंह के प्राण उड़ जाएँगे, क्योंकि उनका कोई प्रयोजन संसार में रहने का न बचेगा।"

अस्तभान को बात जँची। उसने कहा, "तरकीब तो ठीक है। पर सन्देशा देने जाएगा कौन? जोगी प्रपंचगिरि तो हवालात में बन्द हैं। हाय, वे यदि होते तो कितना अच्छा होता!"

इतना कहना था कि दरवाजा खुला और जोगी प्रपंचगिरि ने प्रवेश किया। बाल मुँडे होने के कारण अस्तभान उन्हें नहीं पहचान सका, पर मुफतलाल एकदम पहचान गया, क्योंकि उनका मुंडन उसके सामने ही हुआ था। वह उछलकर उनके चरणों पर लेट गया। बोला, 'महात्मन्, इतनी जल्दी कैसे आ गये? उन दुष्टों के फंदे से आप कैसे छूटे?"

प्रपंचगिरि ने शान्ति से कहा, "सो जानकर क्या करोगे, वत्स? साधु-सन्तों के गुर हैं; सबको नहीं बताए जाते। भक्त जब सच्चे हृदय से हमें याद करता है, तभी हम प्रगट हो जाते हैं। हाँ, अब आगे की कहो।"

मुफतलाल ने निर्बल सिंह का विवाह रोकने की योजना उन्हें समझाई और कहा, "यह कार्य आपके सिवा और कौन कर सकता है? आप ही राजा निर्बल सिंह के पास जाएँ।"

प्रपंचगिरि ने कहा, 'ठीक है। ऐसे नाजुक वक्त पर धर्मात्माओं के शब्द ही कारगर होते हैं। महाभारत के द्रोणाचार्य से अस्त्र रखवाने के लिए स्वयं धर्मराज को झूठ बोलना पड़ा था। मैं जाता हूँ।"

इतना कहकर प्रपंचगिरि चले गये।

इधर अस्तभान ने कहा, "मित्र, इस तरह कब तक नागफनी की शादी टालते रहेंगे? दूसरों की शादी उचटाने से ही किसी की शादी कैसे हो सकती है? हमें अपनी शादी का प्रयत्न भी तो करना चाहिए।"

मुफतलाल ने कहा, "प्रयत्न तो कर रहे हैं। यदि प्रपंचगिरि सफल हो जाते तो आज राजकुमारी इसी महल में होती। कुमार, फिर भी मुझे लगता है कि हम सीधा रास्ता छोड़कर चल रहे हैं। शादी का सीधा रास्ता है—पिता के मार्फत बात करवाना। इसका हमने प्रयत्न ही नहीं किया।

अगर महाराज विवाह का प्रस्ताव भेजें तो शायद राजा राखड़ सिंह स्वीकार कर लें। आप महाराज से कहिए न।"

अस्तभान ने कहा, "भला पिताजी के सामने मेरा मुँह कैसे खुलेगा? मैं उनका कितना आदर करता हूँ, तू जानता है। उनसे विवाह की बात करते मुझे शर्म नहीं आएगी? मुफतलाल, तू मेरा मित्र है। तू ही उनसे बात क्यों नहीं कर लेता?"

मुफतलाल ने आनाकानी की, "कुमार, मैं भी उनसे बहुत डरता हूँ। वे कभी प्यार से भी मेरी ओर देख लेते हैं तो मैं काँप जाता हूँ। उनके सामने मेरी नजर ही नहीं उठती। बात क्या करूँगा?"

अस्तभान ने समझाया, "मित्र, मेरे लिए इतना और कर। तू नीची नजर करके ही बात कर लेना। मैंने तेरे लिए कितना किया है? डिप्टी कलेक्टरी के लिए तेरा चुनाव मैंने ही करवाया है और अभी तो तेरी नियुक्ति होनी है।"

मुफतलाल के सब एतराज इस मित्रतापूर्ण धमकी के सामने उड़ गये। उसने कहा, "आप चाहते हैं तो जाऊँगा।"

दूसरे दिन मुफतलाल ने राजा साहब से भेंट के लिए समय माँगा। भेंट के लिए विषय बताया—'कुँअर अस्तभान के जीवन की समस्या।'

राजा साहब ने उसे आधा घंटे का समय दिया। वह डरते-डरते उनके कमरे में पहुँचा। राजा साहब आईना सामने रखे बैठे थे और मूँछों में से एक सफेद बाल चिमटी में पकड़ कर आँखें बन्द करके उखाड़ रहे थे। मुफतलाल चुपचाप सामने खड़ा रहा। जब बाल उखड़ गया तब राजा साहब ने एक आँख खोल कर देखा और कहा, "तू अस्तभान के जीवन की समस्या पर बात करने आया है?"

"जी!" अस्तभान ने बाअदब कहा।

राजा साहब मूँछों में सफेद बाल खोजते हुए बोले, 'उसका बाप कौन है—मैं कि तू?"

'......'

"जवाब दे। मैं कि तू?"

"जी, आप।"

"फिर तू कौन होता है उसके जीवन की चिन्ता करने वाला?'

"जी, मैं उनका मित्र हूँ।"

"मित्र? मित्र क्या होता है? मेरी इतनी उम्र हो गई, मेरा तो कोई मित्र नहीं हुआ।"

आँखें बन्द करके उन्होंने झटके से एक बाल उखाड़ा।

"हाँ, बोल? मित्र किसे कहते हैं?"

"हम लोग बचपन के साथी हैं। साथ पढ़े हैं।"

"पर साथ फेल तो नहीं हुए। वह फेल हो गया और तू पास।"

"यह मेरा दुर्भाग्य है।"

"हूँ, दुर्भाग्य है। यानी मित्र वह जो बिगाड़े। उसे तूने ही तो बिगाड़ा है। शराब, जुआ, व्यभिचार—सब तूने ही उसे सिखाया है।" मुफतलाल सकपका गया। बड़ी विनय से बोला, "जी, मेरी क्या सामर्थ्य है जो इतने बड़े आदमी के लड़के को ये सब गुण सिखा सकूँ। ये गुण तो उच्च कुल के आभूषण हैं। ये तो कुँअर के रक्त में ही विद्यमान थे; उन्होंने परम्परा से प्राप्त किए हैं।"

राजा साहब ने एक आँख खोलकर उसे देखा और मुस्कुराए।

"तू बातें करने में होशियार है। क्या बात करना चाहता है कुँअर के बारे में? बोल।"

"जी, मेरा निवेदन है कि वे अब जवान हो गये हैं।"

"वह तो जन्म से ही जवान है। मेरा बेटा है; किसी कारकुन का थोड़े ही है।"

"आपका कहना सत्य है। इसीलिए मेरी क्षुद्र मति के अनुसार उनका विवाह हो जाना चाहिए।"

"तेरी क्षुद्र मति के अनुसार विवाह क्यों होगा? मेरी तीव्र बुद्धि के अनुसार क्यों नहीं होगा?"

"जी हाँ, यही मेरा मतलब है।"

"इसका क्या मतलब? तेरी क्षुद्र मति और मेरी तीव्र बुद्धि बराबर है?"

मुफतलाल फिर सकपकाया। राजा साहब का ध्यान बाल उखाड़ने में लग गया, इसलिए वह जवाब देने से बच गया। बाल उखाड़कर उन्होंने उसे देखा और प्रसन्न हुए। बोले, "विवाह होना है तो हो जाएगा।"

"जल्दी हो जाना चाहिए।"

"जल्दी हो जाएगा। इसी वक्त हो सकता है।"

"किससे होगा?"

"किसी लड़की से।"

"राजा राखड़ सिंह की राजकुमारी नागफनी से होना चाहिए।"

"क्यों? उससे ही क्यों?"

राजा ने एक आँख खोलकर फिर देखा और मुफतलाल फिर सकपका गया। खाँसकर हिम्मत जुटाई और बोला, "उनसे राजकुमार का प्रेम है।"

राजा खिलखिलाकर हँसे। बोले, "प्रेम? प्रेम किसे कहते हैं?"

"वे एक-दूसरे को चाहते हैं।"

"क्यों चाहते हैं?" एक बाल और उखाड़ा।

"इसलिए कि चाहते हैं।" मुफतलाल घबड़ाकर बोला, "वे एक-दूसरे के पास जाना चाहते हैं। वे एक-दूसरे के बिना जी नहीं सकते।"

"क्यों नहीं जी सकते?"

"क्योंकि प्रेम है।"

"और अभी तक कैसे जी रहे हैं?"

"उन्हें उम्मीद है कि उनका विवाह हो जाएगा।"

"अच्छा तो हो जाएगा। पर कैसे होगा?"

"आप राजा राखड़ सिंह के पास विवाह का प्रस्ताव भेजें।"

राजा ने बाल उखाड़ना बन्द कर दिया और मूँछें उमेठना शुरू कर दिया। चेहरा तमतमा उठा। गुस्से से बोले, "तू अपनी अक्ल क्या जंगल में घास चरने भेजकर फिर यहाँ आया है? मैं लड़के वाला हूँ। क्या मैं पहले

प्रस्ताव करूँगा? मेरी सातवीं पीढ़ी में हमारे एक पूर्वज ने लड़के की शादी के लिए अपनी तरफ से बात चलाई थी; लेकिन पहले अपने हाथ से अपनी नाक काटकर रख ली थी। मुझे नाक नहीं खोना। पहले राखड़ सिंह को प्रार्थना करनी चाहिए। मैं उस पर विचार करूँगा।"

मुफतलाल ने कहा, 'देर होने से कुँअर की जान जाने का डर है।'

राजा बोले, "मर जाने दो। ऐसे लड़के का न होना अच्छा जो बाप से पहले शादी की बात करवाए।"

मुफतलाल वहाँ से भागने का मौका खोजने लगा। राजा ने कहा, "राखड़ सिंह से कहो कि वह मेरे पास प्रार्थना भिजवाए। साथ ही यह भी खबर भिजवाए कि कितना रुपया देगा।"

इतना कहकर राजा ने निजी सचिव को बुलवाया और कहा, "कुँअर पर जितना खर्च हुआ है, उसका हिसाब तुमने रखा है? बताओ।"

सचिव ने एक बही उठाई और जोड़ करने लगा। थोड़ी देर बाद बोला, "जी, हिसाब हो गया। जन्म से लेकर अब तक भोजन, निवास, कपड़े, शिक्षा, शौक और जेबखर्च मिलाकर लगभग 25 लाख होता है।"

राजा ने पूछा, "जन्म से ही खर्च लगाया है? प्रसव का खर्च क्यों छोड़ दिया? वह भी तो लड़की वाले से लेना पड़ेगा। वह भी जोड़ो। पच्चीस लाख से ऊपर होगा।"

मुफतलाल का जी बैठने लगा। वह आँखें फाड़े दीवार को देख रहा था। राजा न कहा, "सुन रे मुफतलाल, जो आदमी इतना रुपया देगा, उसकी लड़की से शादी होगी। लड़के पर जितना खर्च हुआ है वह सब लड़की वाले को देना चाहिए।"

मुफतलाल ने डरते-डरते कहा, "मेरा निवेदन है कि प्रेम-विवाह में रुपया नहीं लिया जाना चाहिए।"

राजा की भृकुटि तन गयी। बोले, 'क्या कहा? प्रेम-विवाह? मैं सब समझता हूँ प्रेम वगैरह की चालाकी। जब किसी बाप को बिना पैसे दिये लड़की की शादी करनी होती है तब वह प्रेम करा देता है। मेरे सामने

चालाकी नहीं चलेगी। अस्तभान का अब तक का सारा खर्च देना होगा। आखिर मैंने लड़का इसीलिए तो पैदा किया है और पाला है कि उनकी लड़की को पति मिल सके। मैंने क्या उसे अपने लिए पाला है? अगर मैं उसे नहीं पालता तो लड़की को पति कैसे मिलता? तू समझता नहीं है कि लड़के पैदा करना व्यवसाय है, यह गृह उद्योग है। अभी तक मैंने इसमें पूँजी लगाई है। अब माल जब बाजार में आ गया है, तब क्या मैं उसकी अच्छी कीमत नहीं लूँगा? जा भेज दे राखड़ सिंह को खबर—अगर इतना रुपया देता है, तो मैं उसके घर की नौकरानी से भी कुँअर की शादी कर दूँगा।"

मुफतलाल जाने की तैयारी करने लगा। उसने एक नजर राजा साहब पर डाली और प्रणाम करके मुड़ा। राजा ने कहा, "उनसे कहना कि अगर वे 25 लाख नहीं दे सकते, तो मैं 20 लाख में भी मान जाऊँगा। अगर 20 लाख भी उन्हें भारी पड़े, तो 15 लाख भी ले लूँगा। अगर 15 लाख की भी उनकी हैसियत नहीं हो, तो मैं 10 लाख में भी मान जाऊँगा। मगर 10 लाख से एक कौड़ी कम नहीं लूँगा। समझ गया? जा अब।"

मुफतलाल चल दिया और राजा दर्पण सामने रखकर मूँछ में सफेद बाल खोजने लगे।

मिलना मुख्य आमात्य से

करेलामुखी ने कहा, “राजकुमारी, तुमने कुछ सुना?”

“क्या?” नागफनी ने चौंककर कहा।

“तुम तो बिल्कुल ही बेसुध रहती हो। ऐसी खोयी-खोयी मत रहा करो। कोई दुर्वासा श्राप देगा तो कुँअर तुम्हें भूल जाएँगे,” करेलामुखी ने कहा।

नागफनी ने कहा, “सखि, हँसी मत कर। मेरा जी अच्छा नहीं है। जो बात बताने आयी है, वह बता।”

करेलामुखी ने कहा, “कुमार अस्तभान के पिता राजा भयभीत सिंह अपने बेटे की तुमसे शादी करने के लिए कम-से-कम 10 लाख माँगते हैं। तुम्हारे पिता के पास सन्देशा आया था।”

नागफनी का जी बैठ गया। वह अपने पिता को जानती थी। राजा निर्बल सिंह से दो थाल हीरे-जवाहरात वे हड़प कर बैठे थे। 10 लाख देने की अपेक्षा वे प्राण देना पसन्द करेंगे। उसने पूछा, “फिर पिताजी ने क्या जवाब दिया?”

“उन्होंने कहला भेजा कि मुझे लड़की के लिए पति चाहिए, खेत में हल चलाने के लिए बैल नहीं खरीदना है। भयभीत सिंह बेटे को मवेशी-बाजार में खड़ा कर दें और ऊँची से ऊँची कीमत पर नीलाम कर दें।”

यह सुनकर नागफनी सन्न रह गयी। इस अपमान को भयभीत सिंह जैसे क्षत्रिय कैसे सहन करेंगे?

नागफनी रोने लगी। बोली, “सखि, इस जीवन में मैं उनकी नहीं हो

सकती। अब तो मैं मरकर उस लोक में उनकी राह देखूँगी।"

करेलामुखी समझाने लगी, "कुमारी, इतनी निराश मत होवो। कुछ उपाय सोचो। तुम्हारे पिता यदि 10 लाख देने को तैयार हो जाएँ तो बात अभी भी बन सकती है। पर उन्हें समझाए कौन?"

नागफनी ने कहा, "एक ही आदमी की बात वे आँख मूँदकर मानते हैं और वह है राज्य का मुख्य आमात्य। वह कह दे तो 10 क्या 20 लाख दे सकते हैं।"

करेलामुखी बोली, "पर वह क्यों कहेगा? वह बड़ा काँइयाँ आदमी है। बिना मतलब के कोई काम नहीं करता।"

"मैं उससे कहूँ?"

"तुम्हारे कहने से कुछ नहीं होगा। तुमसे उसका कोई काम नहीं सध सकता। यदि कुँअर अस्तभान उससे मिलें और कुछ लोभ दें तो वह मान सकता है।"

"तो सखि, तू उनके पास सन्देशा भिजवा दे। यह आखिरी प्रयत्न कर लें। नहीं तो मैं इस देह का त्याग कर दूँगी।"

करेलामुखी ने अस्तभान के पास सन्देशा भिजवाया।

उधर राजा भयभीत सिंह के पास जब राजा राखड़ सिंह का उत्तर पहुँचा तो वे आग-बबूला हो गये। बोले, "इतना अभिमान है उसे! मैं उसे बता दूँगा। मैं 10 नहीं, 20 लाख लेकर बेटे की शादी करके बता दूँगा।" उन्होंने सचिव को बुलाकर कहा, "अस्तभान की शादी के लिए 'टेंडर' बुलाने की सूचना अखबारों में छपवाओ। लिखो, मैं लिखवाता हूँ।"

राजा साहब ने 'टेंडर' का जो मजमून लिखाया और जो दूसरे दिन अखबार में छपा, वह नीचे दिया जाता है–

टेंडर नोटिस

एक 24 वर्षीय, स्वस्थ तरुण को विवाह के बाजार में वर के रूप में बेचना

है। तरुण बी.ए. तक पढ़ा है और सुन्दर है। लड़कियों के पिता निम्न पते पर सीलबन्द लिफाफे में लिखकर भेजें कि वे कितने रुपये देंगे। टेंडर मंजूर होने पर एक-चौथाई रकम तुरन्त जमा करनी होगी और शेष तीन-चौथाई पाणिग्रहण के समय देनी होगी। कन्याओं के पिता लड़की का फोटो या उसके रूप-गुण का विवरण न भेजें, क्योंकि सौदा रकम से तय होगा, रूप-गुण से नहीं।..."

करेलामुखी का सन्देशा पहुँचा ही था कि मुफतलाल अखबार लेकर आया। वह बड़ी उत्तेजित मनःस्थिति में था। कहने लगा, "जरा पढ़ो, तुम बाजार में बिक्री के लिए खड़े हो। तुम्हारे लिए टेंडर आ रहे हैं।"

अस्तभान ने पढ़ा और सिर पकड़कर बैठ गया। थोड़ी देर बाद बोला, "अब मुख्य आमात्य के पास जाने से क्या लाभ? अब तो टेंडर ही बुला लिए गये।"

मुफतलाल ने कहा, "नहीं, आपका निष्कर्ष गलत है। मुख्य आमात्य अगर ऊँची रकम का टेंडर भिजवा दें तो आपके पिता को मजबूर होकर शादी करनी ही पड़ेगी। चलिए अब देर करना ठीक नहीं है।"

दोनों मित्र राखड़ सिंह के मुख्य आमात्य गोवरधन बाबू के पास पहुँचे। एक बड़े बँगले में वह रहता था। फाटक पर दो संतरी बन्दूक लिये खड़े थे। बँगले के बाहर वाले कमरे में सचिव बैठा था। अस्तभान और मुफतलाल उसके पास पहुँचे और अपना परिचय दिया तो वह इस तरह हड़बड़ाकर कुर्सी पर से उठा कि कुर्सी उलट गयी। उठकर खड़ा हुआ, कपड़े ठीक किए और हाथ जोड़कर, झुककर बोला, "कुमार, आप सूचना तो भिजवाते। हम नगर के बाहर से आपको ससम्मान लाने का प्रबन्ध करते।"

अस्तभान ने कहा, "यह मेरा व्यक्तिगत आगमन है। मैं चुपचाप ही आना चाहता था। आप मुख्य आमात्यजी को सूचना दे दें।"

सचिव उन्हें बिठाकर मुख्य आमात्य के पास गया और तुरन्त ही लौटकर उन्हें सम्मानपूर्वक भीतर ले गया।

बड़े-से कमरे में मुख्य आमात्य स्वागतहेतु खड़े थे। राजकुमार का उन्होंने झुककर अभिवादन किया। कुमार ने मुफतलाल का परिचय कराया। मुख्य आमात्य ने उसकी ओर देखा और बड़े रूखे ढंग से नमस्कार का जवाब दिया।

तीनों बैठ गये और बातचीत शुरू हो गयी।

मुख्य आमात्य—"कैसे कष्ट किया आपने? मुझे ही खबर देकर बुला लिया होता।"

अस्तभान—"मैंने सोचा, मैं ही मिल आऊँ। आप व्यस्त आदमी हैं।"

मुख्य आमात्य—"हें-हें, सो तो है ही। क्या सेवा करूँ आपकी?"

अस्तभान—"बात यह है कि आप तो जानते हैं, नागफनी से मैं शादी करना चाहता हूँ।"

मुख्य आमात्य—"जी हाँ, प्रेम का मामला है।"

अस्तभान—'हाँ, यही बात है। पर मेरे पिता और आपके राजा साहब में मतभेद हो गया है।"

मुख्य आमात्य—"कैसा मतभेद?"

मुफतलाल—"आपसे कोई बात छिपी थोड़े ही होगी।"

मुख्य आमात्य—"तुम चुप रहो जी! दो कौड़ी के डिप्टी कलेक्टर, बड़ों के बीच में क्यों बोलते हो?"

मुफतलाल दुबक गया। कातर नेत्रों से अस्तभान की ओर देखने लगा।

अस्तभान—"मुख्य आमात्यजी, यह मेरा मित्र है। मैं सारा काम इसकी सलाह से करता हूँ। जब मैं राजा बनूँगा तब यह आपके ही जैसा मुख्य आमात्य होगा। आप इससे क्षमा माँगिए।"

मुख्य आमात्य—"अगर इनका भविष्य इतना उज्ज्वल है तो क्षमा माँगे लेता हूँ। हाँ, तो दोनों राज्यों के राजाओं में तनातनी की बात मैं जानता हूँ। आपके पिता 10 लाख चाहते हैं और हमारे राजा ने उन्हें अपमानजनक उत्तर भेज दिया है।"

अस्तभान—"अब क्या करना है, यह मुफतलाल बतलाएगा।"

मुफतलाल इस ठाठ से बोला जैसे एक मुख्य आमात्य दूसरे मुख्य आमात्य से राजकीय विषय पर सलाह करता है—"देखिए मुख्य आमात्यजी, राजा साहब आपकी चंगुल में हैं। अगर आप उनसे कहें तो वे 10 क्या 15 लाख दे सकते हैं। हम आपसे यही प्रार्थना करने आये हैं।"

मुख्य आमात्य—"पर अब तो टेंडर नोटिस छप गया है।"

मुफतलाल—"तो क्या हुआ? राज्य की ओर से टेंडर भरा जा सकता है। हम अपने राजा के निजी दफ्तर के मुंशी से मिलकर ऊँचे टेंडर का दबाव देंगे। आप 10 लाख का टेंडर भिजवा दीजिए।"

मुख्य आमात्य सोचने लगे। अस्तभान और मुफतलाल समझ गये कि वे क्या सोच रहे हैं।

अस्तभान ने कहा, "इस कार्य के बदले में हम जो सेवा कर सकें, बतलाइए। यों तो आप जानते ही हैं कि कभी राजा बनूँगा ही। तब आपके उपकार को नहीं भूलूँगा।"

मुख्य आमात्य खिन्न हँसी हँसे। बोले, "आपका काम करने की मैं कोशिश करूँगा। बदले की क्या आवश्यकता है?"

दोनों मित्र समझ गये कि वह टाल रहा है।

अस्तभान ने कहा, "नहीं, हम आपके लिए कुछ करना ही चाहते हैं। बतलाइए।"

मुख्य आमात्य थोड़ी देर मौन रहे, फिर बोले, "अगर आप मेरा कुछ उपकार करना ही चाहते हैं तो बतलाता हूँ। आप समर्थ हैं, इसलिए शायद कर पाएँ। आज तक मैंने हजारों आदमियों से कहा, पर कोई वह काम नहीं कर सका। बड़ा कठिन कार्य है।"

मुफतलाल ने कहा, "बतलाइए तो। ऐसा कौन-सा काम है? क्या दफ्तरों से भ्रष्टाचार समाप्त करना है? अफसरों को समय पर दफ्तर बुलाना है? लालफीता काटना है? भत्ते के सच्चे बिल बनाने की आदत डालना है?"

मुख्य आमात्य ने कहा, "नहीं, ये कुछ नहीं। ये तो शासन की शोभाएँ हैं। बात यह है कि इस राज्य में मेरा एक विकट राजनैतिक शत्रु है। वह 'भैया सा'ब' कहलाता है। वह भी विधान-मण्डल में है और उसी दल का सदस्य है जिसका मैं हूँ। पर दल के भीतर वह मेरा दुश्मन है। मैं केवल चार मतों से उससे जीता था; वरना वही मुख्य आमात्य हो जाता। वह मेरा हमेशा विरोध करता है और मुझे डर है कि अगले चुनाव में वह मुझे हटाकर स्वयं मुख्य आमात्य बन जाएगा। मैं उसे वश में करना चाहता हूँ। पर उस पर कोई उपाय कारगर नहीं होता। वह बिल्कुल निर्भय रहता है। बात यह है कि वह अपना जीव कहीं और रखता है। किसी को नहीं मालूम कि उसका जीव कहाँ रहता है। आप लोग उसके जीव का पता लगाकर, वह मुझे लाकर दे दें, तो वह मेरे चंगुल में आ जाय।"

यह सुनकर अस्तभान और मुफतलाल विचार में पड़ गये। बड़ा कठिन काम था।

अस्तभान ने कहा, "सरकार के गुप्तचर विभाग से आपने उनके जीव का पता नहीं लगवाया?"

मुख्य आमात्य बोले, "गुप्तचर विभाग तो सालों से इसी काम में लगा है। आप तो जानते हैं कि प्रजातन्त्र में गुप्तचर विभाग राजनैतिक विरोधियों के पीछे पड़े रहने का ही काम करता है। अपराधों का पता लगाना तो एक बहाना है। मैंने बहुत योग्य व्यक्ति इस विभाग में रखे हैं, पर वे भी कुछ नहीं जान सके।"

मुफतलाल ने कहा, "देखिए, हम लोग कोशिश करेंगे। पर काम बहुत कठिन है। आप कृपा करके राजा साहब से 15 लाख का टेंडर भिजवा दीजिए। यदि टेंडर स्वीकार करने की आखिरी तारीख निकल गयी तो हमारा सारा करा-धरा बेकार हो जाएगा।"

मुख्य आमात्य ने कहा, "सो मैं सब करवा दूँगा। 15 दिन के अन्दर भी यदि मुझे भैया सा'ब का जीव मिल गया तो मैं आपकी शादी राजकुमारी से करवा दूँगा। आप निश्चिन्त रहें।"

अस्तभान मुफतलाल के साथ मुख्य आमात्य से विदा लेकर बँगले के बाहर आया।

अस्तभान बोला, "बड़ा विचित्र आदमी है यह भैया सा'ब भी! अपने जीव को कहीं अलग रखता है।"

मुफतलाल ने कहा, "इन राजनैतिक पुरुषों की शारीरिक बनावट ही अलग होती है। इन लोगों में कुछ तो अपनी आत्मा को शरीर में या शरीर के बाहर कहीं भी रख सकते हैं। कुछ नेताओं का हृदय पेट में होता है, किसी-किसी का टाँग में। एक नेता को मैं जानता हूँ जो अपना हृदय नाबदान में रखता है। एक और नेता है जिसकी आत्मा तलुए में रहती है। जब चलता है, आत्मा को कुचलता जाता है। पर भैया सा'ब के जीव का किसी को पता नहीं है। हम लोग वेश बदलकर पहले उन्हीं से मिलें। उनसे बात करने पर शायद कुछ पता चले।"

अस्तभान को यह योजना पसन्द आयी। दोनों ने वेश बदला और भैया सा'ब से मिलने के लिए चल पड़े।

होना भेंट भैया सा'ब से और लगना पता जीव का

नगर में भैया सा'ब का मकान खोजने में कोई कठिनाई नहीं हुई, क्योंकि आधी सड़कें उनके बँगले जाती थीं और आधी मुख्य आमात्य के बँगले।

बड़ा विशाल बँगला था। बँगले के गैरिज में दो कारें रखी थीं और एक जीप, जिसमें लाउड-स्पीकर लगा था। कई नौकर यहाँ-वहाँ आ-जा रहे थे।

बँगले के सामने के हिस्से में भैया सा'ब की बैठक थी। बैठक में भैया सा'ब नहीं थे। उनका निजी सचिव एक पत्रकार को समाचार लिखा रहा था। कुमार और मुफतलाल ने दरवाजे पर पहुँचकर उसे नमस्कार किया। सचिव ने मुस्कुराकर नमस्कार का उत्तर दिया और बड़े आदर से कहा, "तशरीफ लाइए। बैठिए।"

वे बैठ गये। सचिव ने पत्रकार की ओर संकेत करके कहा, "मैं जरा इनसे निपट लूँ; फिर आपकी बात..."

पत्रकार परेशान नजर आ रहा था। उसने कहा, "लेकिन आप जरा सोचिए तो। भैया सा'ब को सबेरे दो छींकें आयीं, यह समाचार कैसे छपेगा? आखिर समाचार में कुछ महत्त्व तो..."

सचिव ने उसे वहीं डाँटा, "क्या कहते हो? महत्त्व नहीं हैं? बड़े आदमी की छींक का कोई महत्त्व नहीं? जरा अक्ल से काम लो। पत्रकार में कल्पनाशक्ति बहुत जरूरी है। दो छीकों का समाचार देकर आगे लिख

सकते हो—'पाठकों को स्मरण होगा कि जब बुद्ध ने गृह-त्याग किया था, तब उन्हें भी इसी तरह दो छींकें आयी थीं। समझे?"

पत्रकार फिर कुछ कहने वाला था कि सचिव ने उसे डाँटा, "देखो, इस बात को मत भूला करो कि तुम्हारे अखबार के आधे विज्ञापन भैया सा'ब के दिलाए हुए हैं और यह भी याद रखना तुम्हारे लिए फायदेमंद है कि मैनेजर से कह देने पर तुम्हारी नौकरी इसी क्षण समाप्त हो सकती है।"

पत्रकार का सिर अब लटक गया। वह गोमुद्रा में आ गया।

सचिव ने एक लिफाफे में से एक फोटोग्राफ निकालकर पत्रकार को दिया और कहा, "लो, यह उस प्रसंग की तस्वीर है। इसके नीचे छापना, 'भैया सा'ब छींकते हुए।"

पत्रकार ने गर्दन हिलाई और फोटो लेकर बस्ते में रख ली।

सचिव ने जेब में से एक नोट-बुक निकालकर देखते हुए कहा, "तुमसे एक-दो बातें और करनी हैं।"

नोट-बुक के पन्ने उलटते हुए वह एक जगह रुका और पढ़कर बोला, "हाँ, देखो जी—तुम 'भैया सा'ब का बँगला' क्यों लिखते हो? तुम जानते हो इसे भैया सा'ब 'झोपड़ी' कहते हैं? जन-सेवक का बँगला नहीं होता, झोपड़ी होती है। आगे ऐसी भूल मत करना।"

पत्रकार ने फिर बड़ी तत्परता से गर्दन हिलाई।

अस्तभान ने मुफतलाल के कान में कहा, 'अगर इस पत्रकार के गले में एक घंटी होती, तो बज उठती।'

मुफतलाल ने हँसी दबाकर कहा, "और यदि यह मुँह में घास के चार तिनके रख ले, तो बछड़े रँभाने लगें।"

इसी समय सचिव पत्रकार से कहने लगा, "पिछले महीने भैया सा'ब की शीर्षासन करते हुए जो तस्वीर दी थी, वह तुमने क्यों नहीं छापी?"

पत्रकार ने हकलाते हुए कहा, "बात यह थी...बात यह है कि उसमें भैया सा'ब की धोती थोड़ी उलट गयी है।"

सचिव ने तपाक से कहा, "इसका निर्णय करने वाले तुम कौन? तुम्हें दी गयी थी तो छापना तुम्हारा कर्त्तव्य था। तुम लोग जरा भी विचार नहीं करते। खजुराहो की मूर्तियों के चित्र तुम बड़े शौक से छापते हो। मगर भैया सा'ब जैसे नेता की धोती जरा-सी..."

पत्रकार ने परेशान होकर कह दिया, "आगे ख्याल रखूँगा।"

सचिव ने कहा, "ठीक है। अब तुम जाओ।"

पत्रकार अपने टुकड़े बटोरकर उठा और दरवाजे से बाहर हो गया।

सचिव ने मुस्कुराहट-भरा मुख आगंतुकों की ओर घुमाया।

"आपका परिचय?" उसने पूछा।

मुफतलाल ने कल्पित नाम और नगर बताए।

"कैसे कष्ट किया?" सचिव ने प्रश्न किया।

अस्तभान ने कहा, "हमें भैया सा'ब से मिलना है।"

"क्या सेवा है?" सचिव का प्रश्न था।

मुफतलाल ने उत्तर दिया, "हम अपने नगर में एक बड़ा सम्मेलन कर रहे हैं। हम भैया सा'ब से प्रार्थना करने आये हैं कि उसका उद्घाटन वे करें।"

सचिव बहुत प्रसन्न हुआ। बोला, "अवश्य, अवश्य! भैया सा'ब को बड़ी प्रसन्नता होगी। वे तो जनता के बीच जाने के लिए हमेशा तैयार रहते हैं। किस तारीख को है सम्मेलन?"

अस्तभान ने कहा, "अगले महीने की बारह को।"

सचिव ने डायरी में लिख लिया।

यहाँ-वहाँ की बातें करने के बाद सचिव ने एकाएक मुफतलाल के कंधे पर बड़ी आत्मीयता से हाथ रखा और कहा, "समारोह के प्रबन्ध में कोई कठिनाई तो नहीं है? हो तो बताइए। हम कोई बाहर के नहीं हैं। कोई सामान तो नहीं चाहिए? हमारे पास झंडियाँ हमेशा तैयार रहती हैं; दरियाँ भी बहुत हैं। लाउडस्पीकर लगी जीप आपने बाहर देखी ही होगी। मानपत्र हम स्वयं छपवाकर लेते आएँगे। ऊपरी खर्च के लिए दो-चार सौ रुपये चाहिए तो भैया सा'ब दे सकते हैं। भैया सा'ब अधिक-से-अधिक

सुविधा देते हैं और चाहते हैं कि समारोह अच्छे-से-अच्छा हो।"

दोनों को प्रभावित देखकर सचिव आगे कहने लगा, "पिछले साल भैया सा'ब का जो अभिनन्दन हुआ, उसका सारा खर्च भी भैया सा'ब ने ही बरदाश्त किया था। किसी पर कोई भार उन्होंने नहीं छोड़ा। अपनी सेवाओं का उल्लेख करते हुए परिपत्र भी स्वयं लिखा। अभिनन्दन-ग्रन्थ की सारी तैयारी उन्होंने ही की। प्रमुख नगरों में समारोह करने के लिए उन्होंने कई लोगों को आर्थिक सहायता भी दी।"

इतना कहकर सचिव उदास हो गया। कहने लगा, "मगर दुनिया में ईमानदारी तो रह नहीं गयी। कुछ लोगों ने समारोह भी नहीं किया और पैसे भी नहीं लौटाए। भैया सा'ब सज्जन हैं, इसलिए चुप रहे। अगर चाहते, तो क्या नालिश करके पैसा वसूल नहीं कर सकते थे।"

दोनों ने स्वीकारात्मक सिर हिलाया। वे भैया सा'ब की सज्जनता से बड़े प्रभावित हुए। सोचने लगे—ऐसे श्रेष्ठ मनुष्य का जीव मुख्य आमात्य क्यों चाहता है?

अस्तभान ने कहा, "भैया सा'ब के दर्शन करना चाहते हैं।'

सचिव ने घड़ी देखकर कहा, "वे एक अनाथालय का उद्घाटन करने पहुँच ही रहे होंगे। मुझे भी वहाँ जाना है। आप मेरे साथ चल सकते हैं।"

वे दोनों सचिव के साथ मोटर में बैठ गये और थोड़ी देर बाद अनाथालय के प्रांगण में पहुँचे।

वहाँ शामियाने लगे थे। एक ओर बड़ा ऊँचा मंच था। हजारों आदमियों के बैठने का प्रबन्ध था, पर वहाँ कुल 100-150 आदमी ही थे।

मंच पर भैया सा'ब कार्यकर्त्ताओं से घिरे बैठे थे।

अस्तभान और मुफतलाल मंच के सामने ही जाकर बैठ गये।

समारोह प्रारम्भ हुआ। अनाथालय के मन्त्री ने सबका स्वागत किया और अपनी संस्था का परिचय दिया। इसके बाद अध्यक्ष ने भैया सा'ब का परिचय देकर उनसे उद्घाटन भाषण देने की प्रार्थना की।

भैया सा'ब ने उद्घाटन भाषण आरम्भ कर दिया—

भाइयों और बहनों,

हमें अपने देश का विकास करना है, निर्माण करना है। प्रश्न उठता है—निर्माण कैसे होगा? निर्माण अकेली सरकार से नहीं होगा, जनता के हर आदमी को परिश्रम करके निर्माण करना होगा। आज हमें जनसेवा की संस्थाओं की बड़ी आवश्यकता है। अनाथालय एक ऐसी ही संस्था है। इस अनाथालय का निर्माण करके आप लोगों ने देश के विकास में महत्त्वपूर्ण योगदान किया है। ऐसी संस्थाएँ बड़ी संख्या में खुलनी चाहिए। मैं तो कहता हूँ कि हम ऐसे प्रयत्न करें कि हर मुहल्ले में अनाथालय खुलें; घर-घर विधवाश्रम हों। भाइयों, एक अनाथालय से देश का निर्माण नहीं होगा, दो अनाथालयों से नहीं होगा, तीन से भी नहीं होगा; लाखों अनाथालयों की हमें आवश्यकता होगी। मैं देश के तरुणों का, नयी पीढ़ी का आह्वान करता हूँ, वे पूरी लगन से इस कार्य में जुट जावें।

आज अनाथालय का महत्त्व कौन नहीं जानता। कौन नहीं जानता कि किसी भी देश की उन्नति अनाथालयों पर निर्भर है। इतिहास के पन्ने पलटकर देखिए। आप देखेंगे कि वही देश उन्नति के शिखर पर पहुँच सके जिन्होंने अनाथालय खोले। आप जानते हैं रोमन साम्राज्य कितना बड़ा और शक्तिशाली था। उसकी उन्नति का क्या रहस्य था? यही कि रोमन लोगों ने असंख्य अनाथालय खोले थे और वही महान् रोमन साम्राज्य पतन के गर्त में गिर गया जब उसने अनाथालय खोलने की ओर कम ध्यान दिया। युद्ध में रोमन वीर मारे जाते थे और उनके बालक अनाथालयों के अभाव में मारे-मारे फिरते थे। यदि उनके अनाथालय पूर्ववत् चलते रहते तो ये बालक उनमें रहकर पलते और आगे चलकर वीर बनते। हमारी योजना में अनाथालयों का विशेष स्थान होना चाहिए। मैं तो इसीलिए कहता हूँ और योजना-आयोग से बार-बार सिफारिश करता हूँ कि नहरों, कारखानों और बाँधों के निर्माण में कुछ कमी करके, पहले देश में अनाथालय खोले जाने चाहिए। पहले हमें भविष्य के बच्चों की चिन्ता करनी चाहिए।

भारत विश्व का गुरु रहा है। आज सारा संसार मार्ग-दर्शन के लिए भारत का मुँह देख रहा है। हमारी संस्कृति हजारों वर्ष पुरानी है और महान् है। पूछा जा सकता है कि भारतीय संस्कृति क्या है? भारतीय संस्कृति कोई खाने की चीज नहीं है, पीने की चीज नहीं है। भारतीय संस्कृति, संस्कृति है और भारतीय है। हमारी भारतीय संस्कृति में अनाथालयों का बड़ा महत्त्व है। अति प्राचीन काल से हमारे यहाँ अनाथालयों की प्रथा थी। ये अनाथालय ऐसे अच्छे होते थे कि इनमें राजाओं के लड़के भी जाकर रहते थे। राम ने जब सीता का परित्याग कर दिया तब उनके पुत्र लव-कुश कहाँ रहे? वे वाल्मीकि के अनाथालय में पले और वहाँ उनकी ऐसी शिक्षा-दीक्षा हुई, वे ऐसे वीर बने कि लक्ष्मण तक उनके सामने नहीं ठहर सके। ऐसी है हमारी गौरवमय परम्परा। और आज उसी महान् देश का यह हाल है कि नगर में मुश्किल से एकाध अनाथालय मिलता है। ऐसे देश का पतन न होगा, तो क्या होगा?

पर भाइयों, निराश होने की बात नहीं है। हर जाति के उत्थान और पतन के क्षण आते हैं। हमारी जाति आज जाग उठी है। सब क्षेत्रों में विकास हो रहा है। हम अनाथालयों के निर्माण को पूरी तरह प्रोत्साहित करते हैं, क्योंकि हम जानते हैं कि आगामी पीढ़ियों का भविष्य इन्हीं से उज्ज्वल बन सकता है।

आपने बड़ी सुन्दर संस्था का निर्माण किया है। मुझे विश्वास है कि आप इसे इस प्रकार चलाएँगे कि हमारे बच्चे इसे देखें तो उनका मन भी यहाँ रहने को हो जाय। अनाथालय की सफलता की यही कसौटी है—दर्शक का मन स्वयं रहने के लिए लालायित हो उठे। आप सुनकर आश्चर्य करेंगे। मैंने एक दिन जब एक अच्छा विधवाश्रम देखा तो मेरा मन वहाँ रहने को होने लगा।

भाइयों, यह कार्य का अन्त नहीं, आरम्भ है। आपने राष्ट्र-निर्माण की नींव डाली है। आगे आपको बहुत कुछ करना है। देश की आबादी जिस गति से बढ़ रही है, उसे देखते हुए मुझे यह कहने में तनिक संकोच नहीं

कि हमारा प्रमुख कार्य अनाथालयों का निर्माण होगा।

आज इस महान् पर्व पर मैं आप लोगों का अभिनन्दन करता हूँ और क.मना करता हूँ कि आपका यह कार्य सारे देश का निर्माण-पथ आलोकित करे।

मुझे अनाथालय का उद्‌घाटन करने के लिए बुलाकर आप लोगों ने मेरा जो सम्मान किया है उसके लिए मैं किन शब्दों में आपका आभार मानूँ! बचपन से ही मैंने अनाथालय के प्रति एक आकर्षण अनुभव किया है। पिताजी मुझे होस्टल में रखना चाहते थे, पर मैं अनाथालय में रहने लगा। पिताजी मुझे पकड़ लाए और घर में मेरी बड़ी पिटाई की। मेरे हृदय पर बड़ा आघात लगा। मैंने निश्चय किया कि एक दिन ऐसा आएगा, जब मैं गर्व से किसी अनाथालय का उद्‌घाटन करूँगा। मेरे जीवन में यह स्वर्णिम दिवस आज उदित हुआ है। मैं अधिक कुछ नहीं कह सकता, मेरा हृदय भर आया है। मैं इस शुभ घड़ी में इस अनाथालय का उद्‌घाटन करता हूँ।...'

इस तरह भैया सा'ब बड़ी देर तक सारगर्भित भाषण करते रहे। जनता बीच-बीच में ताली बजाती जाती थी।

समारोह समाप्त होने पर भैया सा'ब मोटर में बैठकर बँगले पर चले गये। उनके पीछे सचिव के साथ अस्तभान और मुफतलाल भी गये।

बँगले पर पहुँचकर सचिव ने भैया सा'ब से उन दोनों का परिचय कराया और उनके आने का उद्देश्य बतलाया।

अस्तभान ने प्रशंसा के स्वर में कहा, "आपका भाषण सुनकर हम लोग मुग्ध हो गये। आप कितना सारगर्भित भाषण देते हैं। कितना उत्साह है आपके शब्दों में।"

भैया सा'ब ने सकुचाकर प्रशंसा को ग्रहण किया।

मुफतलाल ने कहा, "भैया सा'ब, विधान-मंडल में आपका 'रोल' बड़ा स्वतन्त्र रहता है। जिस दल की सरकार है, उसके आप सदस्य हैं। पर आप सरकार की भी निर्भय आलोचना करते हैं।"

भैया सा'ब ने कहा, "भाई, मैं तो विरोध में हूँ और तब तक विरोध करूँगा जब तक मैं मुख्य आमात्य नहीं हो जाता। मैं विधान-मंडल में डटकर विरोध करता हूँ, सरकार के सब कार्यों को गलत बतलाता हूँ, पर जब मतदान का मौका आता है, तब मैं वोट सरकार को ही देता हूँ।"

"याने जिन चीजों को आप गलत समझते हैं, उन्हें समर्थन दे देते हैं," मुफतलाल के मुँह से निकल गया।

भैया सा'ब एक क्षण को सहम गये। फिर बोले, "प्रजातन्त्र का यही मतलब है। यही संसदीय प्रजातन्त्र का सिद्धान्त है।"

अस्तभान ने काम की बात जानने के लिए कहा, पर आप इतने निर्भय कैसे रह लेते हैं? आप सबको गाली देते हैं, मुख्य आमात्य तक आपसे परेशान रहते हैं। पर आप तनिक भी नहीं डरते। आप अकेले घूमते हैं। एक अंग-रक्षक तक नहीं रखते।"

भैया सा'ब हँसे। बोले, "यही तो रहस्य है। बात यह है कि मुझे कोई मार नहीं सकता। मैं अपना जीव अपने पास रखता ही नहीं हूँ।"

मुफतलाल ने कहा, "घोर आश्चर्य की बात है। ऐसा तो कभी नहीं सुना। भला अपना जीव भी कोई बाहर रखता है?"

भैया सा'ब ने कहा, "हर एक के वश की बात नहीं है।"

अस्तभान ने सहज ही पूछा, "भला ऐसी कौन-सी जगह जीव रखते होंगे?"

भैया सा'ब ने घूरकर उसे देखा और कहा, "कोई जासूस मालूम होते हो! क्यों जानना चाहते हो? यही भेद बता दूँगा तो मेरी अजेयता समाप्त नहीं हो जाएगी।"

अस्तभान अपनी जल्दबाजी पर पछताया। वह समझ गया कि इससे भेद मालूम नहीं हो सकता।

उसने भैया सा'ब से अपने कल्पित सम्मेलन का कार्यक्रम तय किया और मुफतलाल को लेकर बँगले से बाहर आ गया।

बाहर निकलकर मुफतलाल ने कहा, "बड़ी बँधी मुट्ठी है इसकी।"

अस्तभान ने कहा, "हाँ, अब तो एक ही तरीका और है। नगर के लोगों से बातचीत में कुछ संकेत प्राप्त करने की कोशिश करनी चाहिए।"

वे दिन-भर नगर में विभिन्न लोगों से बातचीत करते रहे। कॉफी-हाउस और चायघर में बैठे। शराबखाने में मतवालों से बातें करते रहे। चौराहों पर लोगों से पूछा। पर कुछ पता नहीं चला।

शाम होते-होते वे बहुत थक गये। दिन-भर का परिश्रम और निराशा! उनकी बड़ी खराब हालत थी। वे वापिस लौटे।

अँधेरी रात थी और रास्ता खराब था। नगर से तीन-चार मील ही चले होंगे कि अस्तभान गिर पड़ा।

मुफतलाल ने उसे नाले का पानी पिलाया।

वह बड़ी मुश्किल से उठा और बोला, "अब तो मैं मर जाऊँ तो अच्छा।"

मुफतलाल ने समझाया, "मन को छोटा मत करो। प्रेम के मार्ग में ऐसी बाधाएँ तो आती ही रहती हैं। अन्त में आप अवश्य सफल होंगे। अब हम यहीं इस वृक्ष के नीचे विश्राम करें।"

आम के उस वृक्ष के नीचे उन दोनों ने गमछे बिछाए और लेट गये।

मुफतलाल तो थोड़ी देर में सो गया, पर अस्तभान को नींद कहाँ! वह आँखें बन्द किए पड़ा रहा।

आधी रात के लगभग वृक्ष पर बैठे कबूतर के एक जोड़े में बातचीत होने लगी!

कबूतर ने कहा, "तू बड़ी लापरवाह है। दिन-भर न जाने कहाँ घूमती रही। तू तो बच्चों को ऐसे छोड़ देती है जैसे उस भैया सा'ब ने अपने जीव को छोड़ रखा है।"

अस्तभान कान खोलकर सुनने लगा।

कबूतरी ने कहा, "भैया सा'ब अपना जीव कहाँ छोड़ते हैं?"

कबूतर ने कहा, "तुझे नहीं मालूम? सचिवालय में मुख्य आमात्य की जो कुर्सी है, उसमें एक बड़ा दीमक रहता है। उसी दीमक में भैया सा'ब

का जीव है। वह दीमक कुर्सी काटता रहता है।"

कबूतरी अचम्भे में आ गयी। कहने लगी, "बड़ी अजीब बात है। उनके इतने दुश्मन हैं, कोई दीमक को मसलकर उन्हें मार क्यों नहीं डालता?"

कबूतर ने कहा, "किसी को मालूम नहीं है और मालूम भी हो जाय तो वहाँ पहुँचना बहुत कठिन है। दिन को तो वहाँ चपरासी और सन्तरी रहते हैं और रात को वहाँ भूत नाचते हैं जो आमात्य बने बिना मर गये या जो चुनाव में हार गये, वे सब भूत बनकर विधानसभा और सचिवालय में मँडराते हैं।"

कबूतरी ने कहा, "तब तो वहाँ कोई नहीं जा सकता।"

कबूतर ने कहा, "जा सकता है, पर इसके लिए मन्त्र जानना चाहिए। मन्त्रों से वे भूत शान्त हो जाते हैं।"

कबूतरी की जिज्ञासा बढ़ी। उसने पूछा, "कौन-सा मन्त्र? तुम्हें मालूम है?"

कबूतर अपना ज्ञान बताने का लोभ संवरण नहीं कर सका। उसने कहा, "हाँ, मालूम क्यों नहीं! वहाँ जाकर आदमी ये मन्त्र जोर-जोर से चिल्लाकर जपे तो भूत शान्त हो जाते हैं–

'लाल पेटी में वोट दो!'

'मुर्गा छाप पेटी में वोट दो!'

'हाथी छाप पेटी में वोट दो!'

'बैल छाप पेटी में वोट दो!'

'आमात्य जंगल-विभाग!'

"इसी तरह के मन्त्रों को सुनकर वे सब भूत तृप्त होकर गायब हो जाते हैं।"

कबूतर-कबूतरी की बात समाप्त हुई। अस्तभान उठ बैठा। मुफतलाल को झकझोरा। वह हड़बड़ाकर उठ बैठा।

"क्या बात है?" उसने कहा।

अस्तभान खुशी के मारे मुश्किल से बोल सका, "किला फतह हो

गया। भैया सा'ब के जीव का पता लग गया। उसे पकड़ने की विधि भी मालूम हो गयी।"

मुफतलाल अब पूरा जाग गया था। उसने पूछा, "कहाँ रहता है भैया सा'ब का जीव?"

अस्तभान ने कहा, "मुख्य आमात्य की कुर्सी में, दीमक के रूप में।"

"कैसे मालूम हुआ?" आश्चर्यचकित मुफतलाल ने पूछा।

अस्तभान ने उसे कबूतर-कबूतरी की बातचीत का विवरण दिया। फिर कहा, "अब घर लौटने की जरूरत नहीं है। वापिस राजधानी चलो। आज रात को भैया सा'ब का जीव पकड़ना है।"

वे उसी समय वापिस लौटे।

पकड़ना जीव को और देना मुख्य आमात्य को

अस्तभान की खुशी की सीमा न थी। रास्ते में वह उड़ता-सा जा रहा था। मुफतलाल का मन कहीं और था। वह सोच रहा था कि इतने दिन हो गये पर डिप्टी कलेक्टरी का आदेश अभी तक नहीं आया। अब कुँवर की शादी हो जाएगी। अपना काम हो जाने के बाद पता नहीं ये मेरी सहायता कर सकते हैं या नहीं। वह चाहता था कि पहले उसकी नियुक्ति हो जाय, फिर कुमार का विवाह हो। इसी प्रयोजन से उसने बीच में अड़ंगा डालने की कोशिश की। वह बोला, "कुमार, इसके पहले कि आप भैया सा'ब का जीव पकड़कर मुख्य आमात्य को दें, आपको अपने पिताजी से मिल लेना चाहिए। वे राजा राखड़ सिंह से बेहद नाराज हैं। कहीं ऐसा न हो कि अपना सारा परिश्रम व्यर्थ चला जाय।"

अस्तभान कुछ आपत्ति सुनने को तैयार नहीं था। उसने कहा, "इसकी क्या जरूरत है? शादी तो मुझे करनी है।"

मुफतलाल ने समझाया, "पर वे आपके पिता हैं। उनके और आपके विचारों में जमीन-आसमान का अन्तर है।"

अस्तभान ने रोष से कहा, "अन्तर तो होगा ही। मेरे पिता बेवकूफ हैं, ऐसा माने बिना प्रगति ही नहीं हो सकती। हर पीढ़ी को यह मानना चाहिए कि बाप-दादे बेवकूफ हैं और उनकी कम-से-कम आधी बातें गलत

हैं। उनकी आधी सही बातें लेकर उनमें अपनी आधी मिलानी चाहिए। इस तरह के मिश्रण से जो मान्यताएँ बनेंगी, वही प्रगतिशील मान्यताएँ कहलाएँगी। अगर बेटा बाप को आधा खब्ती न समझे तो समाज जहाँ-का-तहाँ खड़ा रह जाय।"

मुफतलाल को पहली बार अस्तभान की प्रतिभा का भान हुआ। जिसे वह मूढ़ समझता रहा, वह नीति की बातें कर रहा था। उसने निष्कर्ष निकाला कि मूर्ख-से-मूर्ख आदमी तब बुद्धिमान हो जाता है जब उसकी शादी पक्की हो जाती है। इसी से यह विलोम सिद्धान्त भी प्रगट हुआ कि बुद्धिमान आदमी तब बेवकूफ हो जाता है जब उसकी शादी पक्की हो जाती है। उसने हार मान ली। नीति और सिद्धान्त की आड़ लेकर शादी नहीं टाली जा सकती। उसने व्यवहार की आड़ ली। कहा, "पर ये टेंडर मँगवा चुके हैं। कहीं उन्होंने राजा राखड़ सिंह का टेंडर नामंजूर कर दिया तो?"

अस्तभान जैसे इस स्थिति के लिए तैयार था। उसने जवाब दिया, "तुम बहुत बुद्धू हो। मुख्य आमात्य को जब तक भैया सा'ब का जीव मिलने का भरोसा न हो जाएगा, तब तक क्या वे टेंडर भिजवाएँगे? मैं तुमसे निश्चित कहता हूँ कि अभी तक टेंडर नहीं पहुँचा। जब हम जाकर उससे कहेंगे कि हम जीव का पता पा गये हैं और आज रात को उसे पकड़ लेंगे तब वह टेंडर भिजवाएगा और बड़ी-से-बड़ी रकम का भिजवाएगा। मेरा बाप लोभी है। पैसे के सामने उसका क्षत्रित्व नाक रगड़ता है। अगर कोई उससे कहे कि एक लाख रुपये देंगे, तुम अपनी ऐंठी मूँछें मुँड़ा दो तो वह मुँड़ा देगा। तुम उसे नहीं जानते, मैं जानता हूँ। चलो, अब मुख्य आमात्य के पास चलें।"

मुफतलाल निराश हुआ। ऊपर से उसने उत्साह दिखाया। मित्रता सिद्धान्त वह जानता था—भीतर कुछ और ऊपर कुछ और होना चाहिए।

दोनों चले जा रहे थे। मुफतलाल को नियुक्ति की चिन्ता परेशान कर रही थी। उसने धीरे से कहा, "मेरा आर्डर अभी तक नहीं आया।"

अस्तभान का मन भला नौकरी जैसी शुष्क बातों में कैसे लगता? उसने बेमन से कहा, "आ जाएगा। क्या जल्दी है। तुम भूखे तो मरते नहीं हो।"

मुफतलाल का मन और गिर गया। कहने लगा, "फिर भी कुछ काम तो करना ही चाहिए।"

अस्तभान ने उसका मुँह बन्द करने के लिए कहा, "अच्छा भाई, मैं परसों तेरी नियुक्ति का ऑर्डर निकलवा दूँगा।"

मुफतलाल कुछ आश्वस्त हुआ।

वे मुख्य आमात्य के बँगले के पास आ गये थे। मुख्य आमात्य बाहर बरामदे में टहल रहे थे। इन्हें देखते ही फाटक तक आ गये। अस्तभान के चेहरे पर प्रसन्नता देखी तो समझ गये कि काम में सफलता मिली है।

बड़े स्वागत-सत्कार से उन्हें अपने कमरे में ले जाकर बिठाया और पूछा, "हाँ, अब सुनाइए। कितनी सफलता मिली?"

अस्तभान ने कहा, "जीव का पता लग गया है। वह इसी शहर में है और एक सरकारी इमारत में है।"

मुख्य आमात्य आश्चर्य में पड़ गये। बोले, "इस, शहर में है? सरकारी इमारत में है? और मेरे गुप्तचर पता नहीं लगा पाए!"

मुफतलाल बोला, "उनका अपराध नहीं है। जीव अत्यन्त सूक्ष्म रूप में है और ऐसी जगह है जहाँ आदमी की निगाह नहीं जा सकती।'

मुख्य आमात्य ने पूछा, 'फिर भी, बताओ तो कहाँ है वह?"

अस्तभान ने हँसकर कहा, "इतने सीधे हम नहीं हैं। हम भी राज-परिवार के हैं। आपको उसका ठिकाना अभी बता दें तो आपकी नजर में हमारी कीमत दो कौड़ी हो जाएगी। आज रात को हम जीव को पकड़कर सबेरे आपको सौंप देंगे। पर इसके पहले वह टेंडर चला जाना चाहिए और खासी बड़ी रकम का जाना चाहिए।"

मुख्य आमात्य ने बनावटी भोलेपन से कहा, "वह तो चला गया। मैंने आपसे वादा किया था न! वह तो कल ही चला गया।"

अस्तभान फिर हँसा, "देखिए, वह नहीं गया है। मैं जानता हूँ कि शासक के वादे कितने झूठे होते हैं। जब तक मजबूर न किए जाएँ, वे वादे पूरे नहीं करते। आप आज ही टेंडर भिजवाएँ और कल जब हम उसकी रसीद देख लेंगे, तब जीव आपको देंगे।"

मुख्य आमात्य ने कहा, "आप अप्रसन्न न हों। मैं अभी भिजवाता हूँ। मैं वादा करता हूँ कि हर हालत में राजकुमारी की शादी आपसे कराऊँगा।"

मुफतलाल ने कहा, "मुख्य आमात्यजी, जीव तो आपको मिल जाएगा। पर इस बात का हमें बड़ा दुःख है कि बेचारे भैया सा'ब की जान आप ले लें।"

मुख्य आमात्य ने कान पर हाथ रखकर कहा, "राम! राम! कौन कहता है कि मैं उसे मारूँगा? मैं उसे हरगिज नहीं मारूँगा, मैं अहिंसावादी हूँ। किसी को मारना हिंसा है; पर मारने की धमकी देना अहिंसा है। जब वह गड़बड़ करेगा, मैं उसे धमकी दे दूँगा। वह हमेशा मेरे चंगुल में रहेगा। जब सब सदस्य अपने चंगुल में रहें, तब संसदीय प्रजातन्त्र का मजा आता है। समझे आप?"

अस्तभान ने कहा, "आपके इस कथन से हमारे हृदय का बोझ उतर गया। हमें बड़ी ग्लानि हो रही थी कि हम एक नेता की मृत्यु का कारण बन रहे हैं।"

मुख्य आमात्य केवल मन्द हँसी हँसे। अस्तभान ने विदा ली और दोनों मित्र बँगले से बाहर आये। मुफतलाल ने कहा, "अब हम लोग अच्छे होटल में जाकर डेरा डालें। स्नान, भोजन से निवृत्त होकर फिर सचिवालय चलें। वहाँ दिन में ही सब स्थितियों का अध्ययन कर लें।"

वे एक बड़े होटल में ठहरे। स्नान और भोजन से निबटकर सचिवालय गये।

फाटक के बाहर कारों का ताँता लगा था। भीतर कमरों में बड़ी चहल-पहल थी। वे मुख्य आमात्य के कमरे के सामने पहुँचे। कमरे की जाँच की; दरवाजे को देखा। मुख्य आमात्य भीतर बैठे थे। मुफतलाल ने

कहा, "इन्हें क्या मालूम कि जिस कुर्सी पर वे रोज बैठते हैं उसी में भैया सा'ब का जीव दीमक के रूप में छिपा है।"

अस्तभान ने कहा, "राज करने वाले में यही तो कमजोरी होती है। वह पास की चीज नहीं देख सकता, उसे दूर की ही दिखाई देती है।"

जाँच-पड़ताल करने के बाद उन्होंने उस दरबान का पता लगाया जो रात में वहाँ पहरा देता था। उससे अस्तभान ने कहा, "हम परदेशी हैं। हमारे राजा ने हमें आदेश दिया है कि इस राज्य के मुख्य आमात्य की कुर्सी को आज रात के ठीक बारह बजे शुभ-मुहूर्त में प्रणाम करके आओ। ज्योतिषियों ने बताया है कि इस शुभ-मुहूर्त में यदि राज्य का प्रतिनिधि तुम्हारे मुख्य आमात्य की कुर्सी चूमेगा तो प्रजातन्त्र सफल होगा। तुम हमें आज रात को उस कमरे में पाँच मिनट के लिए प्रवेश दे दो।"

सन्तरी ने पहले आनाकानी की। फिर जब अस्तभान ने भेंट के रूप में उसके हाथ में सौ रुपये रख दिए तो वह राजी हो गया। बोला, "अच्छा, मैं दरवाजा खोल दूँगा। पर कुर्सी के सिवा किसी और चीज को हाथ मत लगाना।"

दोनों होटल लौट आये। रात को जागरण होगा, यह सोचकर दिन में सो गये।

आधी रात से कुछ पहले वे सचिवालय के फाटक पर पहुँच गये। सन्तरी ने उन्हें भीतर ले लिया। वे मुख्य आमात्य के कमरे के सामने पहुँचे।

वहाँ अजब दृश्य था। आसपास भूत ही भूत थे। किसी के दो सिर थे, किसी का सिर ही नहीं था। किसी के चार हाथ थे, किसी के चार पाँव। वे नाच रहे थे, उछल-कूद रहे थे। उनकी बड़ी-बड़ी लाल आँखें थीं और लम्बे-लम्बे नाखून तथा दाँत थे। वे तरह-तरह की आवाजें लगा रहे थे—'मुख्य आमात्य बनूँगा! अर्थ आमात्य बनूँगा! शिक्षा आमात्य बनूँगा! विधान-मंडल का सदस्य बनूँगा! चुनाव लड़ूँगा।' पहले तो वे डरे पर फिर अस्तभान ने जोर-जोर से मन्त्र पढ़ना शुरू किया, 'लाल पेटी में वोट दो!

मुर्गा छाप पेटी में वोट दो! बैल छाप पेटी में वोट दो! मुख्य आमात्य! अर्थ आमात्य! आमात्य शिक्षा विभाग?' मन्त्रोच्चार शुरू होते ही वे सब भूत चुप हो गये। फिर सबने एक साथ जोर से ठहाका मारा और वे विलीन हो गये।

सन्तरी ने दरवाजा खोला और उजाला किया। अस्तभान भीतर घुसा। मुख्य आमात्य की कुर्सी के पास जाकर बैठ गया और दीमक को खोजने लगा। उसने देखा, कुर्सी के पाये के जोड़ में बैठा-बैठा एक दीमक लकड़ी को कुतर रहा है। वह कुर्सी को कुतर-कुतरकर भीतर से पोली कर रहा था।

साधारण दीमकों से तीन-चार गुने आकार का यह दीमक बड़ा विचित्र था। उसने अस्तभान को देखते ही एक विचित्र शब्द किया और वह भागा। बड़ी तेजी से कुर्सी की सेंध में घुसने लगा। पर अस्तभान ने बड़ी तत्परता से उस पर अपना रूमाल डाल दिया और वह फँस गया। उसने रूमाल बड़ी सावधानी से समेटा और गाँठ लगा दी। रूमाल के बाहर से दीमक की तड़प और उछल-कूद स्पष्ट दिख रही थी। रूमाल जेब में डालकर अस्तभान बाहर निकल आया।

मुफतलाल ने पूछा, "क्यों? आ गया पकड़ में?'

अस्तभान ने कहा, "हाँ? मगर उसे जल्दी ही किसी मजबूत डिबिया में बन्द करना होगा, वरना वह रूमाल काटकर निकल भागेगा।"

वे जल्दी से होटल पहुँचे और दीमक को निकालकर एक पतले धागे से बाँधा और उसे धागे समेत एक डिबिया में बन्द कर दिया।

यहाँ का हाल तो यहीं छोड़ो। उधर भैया सा'ब की तबीयत आधी रात से खराब हो गयी थी। ठीक आधी रात को भैया सा'ब घबड़ाकर उठ बैठे और पागल जैसे चिल्लाए, "अरे बाप रे! मार डाला!" इसी तरह चिल्लाते हुए वे सारे कमरे में घूमने लगे। उनकी पत्नी ने पूछा, "क्यों, क्या हुआ? ऐसे क्यों घबड़ा रहे हो?"

भैया सा'ब ने उखड़े स्वर में कहा, "मेरी जान पर खतरा आ गया। कोई मेरा जीव पकड़ रहा है।"

पत्नी ने कहा, "मैंने तुम्हें कितने बार समझाया कि अपना जीव अपने पास रखो। पास रहेगा तो हिफाजत तो कर सकते हैं। न जाने कहाँ उसे छोड़ रखा है। कोई दुष्ट उसे मसल दे तो मेरा तो सुहाग लुट जाएगा।"

भैया सा'ब ने क्रोध से कहा, "तुझे अपने सुहाग की पड़ी है? मेरी तो जीवन-भर की साधना मिट्टी में मिली जा रही है। अगर किसी ने उसे कब्जे में कर लिया तो फिर जैसा वह चाहेगा वैसा मुझे नाचना पड़ेगा। अरे बार रे!"

बड़ी देर तक भैया सा'ब तड़पते रहे। फिर धीरे-धीरे शान्त हो गये। पर उनके चेहरे पर स्थायी बेचैनी आ गयी। सबेरे लोगों ने उन्हें देखा तो अचरज में आ गये कि एक रात में यह परिवर्तन कैसे हो गया। वे बैठे-बैठे, बातें करते-करते एकदम कराह उठते और हृदय पर हाथ रख लेते। लोग पूछते तो कह देते, "रात से दिल का दौरा हो रहा है।"

भैया सा'ब की चैन और निडरता जाती रही। उन्हें विश्वास हो गया था कि उनका जीव पकड़ लिया गया और मुख्य आमात्य की कुर्सी से हटाकर कहीं और रखा गया है। मुख्य आमात्य की कुर्सी से दूर होने के कारण उन्हें बड़ी व्याकुलता थी। उधर अस्तभान दीमक को तनिक भी छूता तो इधर भैया सा'ब तड़प उठते।

सुबह होते ही अस्तभान और मुफतलाल मुख्य आमात्य के पास गये और कहा, "भैया सा'ब का जीव हमारे कब्जे में आ गया।"

मुख्य आमात्य हर्ष से पागल हो गये। बोले, "कहाँ मिला?"

अस्तभान ने कहा "सचिवालय में आपकी कुर्सी को दीमक के रूप में कुतर रहा था।" अस्तभान ने उन्हें पूरा विवरण सुनाया। मुख्य आमात्य आश्चर्यचकित रह गये। बोले, "लाइए, मेरे हवाले कीजिए।"

अस्तभान काफी चालाक हो गया था। उसने कहा, "एक जगह सुरक्षित रखा है। ला देंगे। पहले आप टेंडर की रसीद दिखलाइए। राजनीतिज्ञों की धोखेबाजी से मैं अच्छी तरह परिचित हूँ। अपना काम निकालकर दूध की मक्खी की तरह फेंक देते हैं।"

मुख्य आमात्य हँसे। कहने लगे "कुमार, आपकी अवस्था कम है, फिर

भी आपकी राजनैतिक समझ-बूझ उच्चकोटि की है। आप सच कहते हैं, किसी भी राजनीतिज्ञ का कभी विश्वास नहीं करना चाहिए।" इतना कहकर उन्होंने टेबिल की दराज से 25 लाख के टेंडर की रसीद निकाल दिखाई।

अस्तभान को सन्तोष हुआ और उसने जेब से डिबिया निकाली। उसे खोलकर धागे को खींचा और धागे से बँधा दीमक मुख्य आमात्य के सामने झुलाने लगा। अस्तभान ने कहा, "यह है भैया सा'ब का जीव।"

मुख्य आमात्य उसे बड़े ध्यान से देखते रहे। फ़िर बोले, "जैसे आपने मेरा भरोसा नहीं किया, वैसे ही मैं भी एकदम यह मानने को तैयार नहीं कि भैया सा'ब का जीव यही है। हो सकता है आप कोई भी दीमक पकड़ लाए हों। मैं परीक्षा करूँगा।"

ऐसा कहकर उन्होंने एक गुप्तचर को बुलाया और उसे आदेश दिया कि भैया सा'ब के पास किसी बहाने से जाओ और उनमें क्या विशेष परिवर्तन होते हैं, देखकर आओ।

गुप्तचर भैया सा'ब के पास आकर बैठ गया। इधर मुख्य आमात्य ने दीमक को हलके से दबाया। उधर भैया सा'ब कराह कर कुर्सी में लुढ़क गये। गुप्तचर ने लौटकर सारा हाल सुनाया। तब मुख्य आमात्य ने अस्तभान से कहा, "मुझे विश्वास हो गया। भैया सा'ब का जीव यही है। अब राजकुमारी से आपकी शादी कराने की जिम्मेदारी मेरी है। आप कृपा कर हमारी अतिथिशाला में ठहरिए। मैं महाराज से बात करके आपको सूचित करता हूँ।"

दोनों मित्र सेवक के साथ अतिथिशाला चले गये।

होना बातचीत शादी की

इधर मुख्य आमात्य राजा राखड़ सिंह के पास गये। राजा ने पूछा, "टेंडर भिजवा दिया?"

"जी हाँ, तभी भिजवा दिया था।"

"फिर क्या हुआ? टेंडर खुले कि नहीं? मुझे बड़ी चिन्ता है। इस लड़की को जल्दी ठिकाने लगवाओ।"

मुख्य आमात्य ने कहा, "मैं रात-दिन इसी प्रयत्न में लगा हूँ। टेंडर का कोई भरोसा नहीं। अपना टेंडर मंजूर भी हो सकता है और नहीं भी। आप जानते हैं कि राजा भयभीत सिंह बड़ा लोभी है। कोई अगर दस अशर्फियाँ बढ़ा देगा तो उसी को लड़का दे देगा। इसलिए मैंने इस मामले में कूटनीति से काम लिया है। मैंने अस्तभान को यहीं बुला लिया है।'

राजा को आश्चर्य हुआ। बोले, "तो क्या वह यहीं है?"

मुख्य आमात्य बोले, "जी हाँ, अतिथिशाला में है। वह राजकुमारी से विवाह करने के लिए बहुत उत्सुक है। जब बेटा लड़की से प्रेम करता हो तो बाप की एक नहीं चलती। बाप से लड़ने का काम बेटे को ही सौंपा जा सकता है। मैं ऐसी चाल चला हूँ कि अस्तभान को बिना कुछ दिए शादी हो सकती है। हम आज ही दोनों की सरकारी शादी करवा दें। अस्तभान इतना बेताब है कि वह एकदम कर लेगा। इस तरह हमारा पच्चीस लाख भी बच जाएगा।"

राजा ने कहा, "योजना तो बहुत अच्छी है। पर मैं उसके बाप को

जानता हूँ। उस बाप का बेटा इतना बुद्धू नहीं हो सकता जितना तुम उसे समझ रहे हो।"

मुख्य आमात्य ने निवेदन किया, "महाराज, यह आवश्यक नहीं है कि चतुर बाप का बेटा भी चतुर हो। हर बेटा बाप से आगे बढ़ना चाहता है। जब वह देखता है कि चतुराई में वह आगे नहीं बढ़ सकता तो बेवकूफी में आगे बढ़ जाता है। अस्तभान को मैंने जाँच लिया है। हाँ, उसका साथी अलबत्ता जरा तेज है।"

राजा ने कहा, "खैर तुम प्रयत्न करो। जितने कम में हो सके, मामला निबटाओ। कब शादी होनी है?"

मुख्य आमात्य ने कहा, "आज ही हो जाय। दोपहर बाद। मैं अस्तभान के पास जाता हूँ। आप राजकुमारी की तैयारी कराइए।"

मुख्य आमात्य अतिथिशाला चले गये। राजा ने रानी से नागफनी की तैयारी करने के लिए कहा।

जिस समय मुख्य आमात्य अतिथिशाला पहुँचे, वहाँ एक ब्राह्मण अस्तभान और नागफनी की जन्मपत्रियाँ खोले बैठा था। वह फल बतला रहा था, "राजकुमार, भगवान ने दोनों को एक-दूसरे के लिए ही बनाया है। ऐसी जोड़ी त्रिलोक में नहीं मिल सकती है। 36 गुण और 72 दुर्गुण मिलते हैं। जीवन सुखी रहेगा। भरा-पूरा परिवार रहेगा।"

मुफतलाल ने पूछा, "संतति का क्या योग है?"

ब्राह्मण ने ग्रह-दशा देखकर बताया, "ग्रहों को देखते हुए 19 सन्तानों का योग है। अगर बीच में 'फेमिली-प्लानिंग' (परिवार-नियोजन) आ गया तो कुछ नहीं कहा जा सकता। बात यह है कुमार, कि विज्ञान ने ग्रह-फल में हस्तक्षेप करना शुरू कर दिया है। हम नौ ग्रह मानते हैं। उनके फल से मनुष्य का भाग्य-निर्णय होता है। अब कुछ देश कृत्रिम ग्रह बनाकर छोड़ रहे हैं जो पृथ्वी के चक्कर लगा रहे हैं। ये हमारे ग्रहों के फल में हस्तक्षेप करते हैं। इसलिए फल निश्चित नहीं रहा।"

मुख्य आमात्य ने कहा, "अच्छा विप्रदेव, अब आप पोथी-पत्रा समेटें,

विज्ञान के कारण आपकी दक्षिणा में फर्क नहीं पड़ेगा।"

ब्राह्मण ने पोथी-पत्रा समेटा। अस्तभान ने उसे एक अशर्फी दी और वह आशीर्वाद देकर चला गया।

मुख्य आमात्य ने एक क्षण में मुख पर घोर पवित्रता और सद्‌भावना धारण कर ली और कहा, "कुमार, आपने मेरा राजनैतिक जीवन कम-से-कम 25 वर्ष दिया। मैं जीवन के अन्तिम क्षण तक अपने पद पर रह सकूँगा और पद पर ही मरूँगा। मेरी बड़ी लालसा है कि मेरी अन्त्येष्टि राजकीय सम्मान के साथ हो।"

मुफतलाल ने कहा, "ऐसी इच्छा स्वाभाविक है। सत्ता का मोह किसे नहीं होता। इन्द्र सत्ता के लिए कितनी अप्सराओं से कितने तपस्वियों की साधना भंग करवा चुका है। पद की कुर्सियों में गीली गोंद लगी रहती है। जो बैठता है चिपक जाता है। जब मामूली कुर्सियों में इतनी गोंद होती है तब आपकी तो मुख्य आमात्य की कुर्सी है। वह तो पूरी गोंद की ही बनी होगी।"

मुख्य आमात्य को यह बात कुछ अच्छी नहीं लग रही थी। वे तुरन्त अपने विषय पर आये। बोले, "कुमार मैं चाहता हूँ कि जैसे मेरी मनोकामना पूरी हुई, वैसे ही आपकी हो जाय। आपके उपकार का बदला जितने अंश में चुक जाएगा, उतनी ही मेरी आत्मा हल्की होगी। मैं चाहता हूँ कि आपकी शादी आज ही और यहीं हो जाये।"

अस्तभान यह सुनकर खुशी से उछल पड़ा और बोला, "सचमुच? क्या सचमुच आज ही शादी हो सकती है?"

मुख्य आमात्य ने कहा, "हाँ, मैं ऐसा प्रयत्न कर रहा हूँ। हमारे राज्य के कानून कुछ भिन्न प्रकार के हैं। इनके अनुसार आप आज ही सरकारी विवाह-दफ्तर में जाकर शादी कर सकते हैं। आपको प्रमाण-पत्र मिल जाएगा जिस पर किसी राज्य में आपत्ति नहीं उठाई जाएगी। मैंने महाराज से अभी बात की है। पहले तो वे इतने जल्दी विवाह करने को तैयार नहीं थे; पर जब मैंने इस प्रश्न पर इस्तीफा देने की धमकी दी तब वे राजी हो गये।"

मुफतलाल ध्यान से मुख्य आमात्य के चेहरे को देख रहा था। मुख्य आमात्य भी सशंकित दृष्टि से उसकी प्रतिक्रिया को ताड़ रहे थे। दोनों एक-दूसरे को समझ गये थे। मुफतलाल ने कहा, "मेरा एक विनम्र निवेदन है। जब पच्चीस लाख का टेंडर भर ही दिया गया है और आप इस सम्बन्ध के लिए तैयार हैं, तो दो-चार दिन बाद विधिवत् विवाह ही क्यों न हो? आखिर कुमार के भी पिता हैं। वे भी शादी बड़े ठाठ से करना चाहेंगे।"

मुख्य आमात्य के चेहरे पर कठोरता आ गयी। अस्तभान भी इस बात से प्रसन्न नहीं हुआ। वह कुछ बोलने ही वाला था कि मुफतलाल ने उसे चुप रहने का इशारा किया।

मुख्य आमात्य वाणी में खूब मिठास लाकर बोले, "मैं तो कुमार के हित की दृष्टि से ही जल्दी करना चाहता हूँ। आप जानते हैं कि आपके महाराज हठी स्वभाव के हैं। हो सकता है कि वे किसी कीमत पर यह सम्बन्ध न करें। तब आप क्या करेंगे? तब मैं भी क्या कर सकता हूँ? इसलिए शुभ काम में देर नहीं करनी चाहिए।"

अस्तभान स्वीकृति दे ही रहा था कि मुफतलाल ने उसका हाथ पकड़ लिया। उसे उठाते हुए कहा कि हम लोग जरा आपस में सलाह कर लेना चाहते हैं। वह कुमार को उठाकर भीतर कमरे में ले गया और वहाँ कहा; "कुमार, आप बहुत उतावले हो रहे हैं। आप जानते हैं कि राजनीतिज्ञ की हर बात में कोई दाँव-पेंच होता है। उसे एकदम स्वीकार नहीं करना चाहिए। वह जो कहता है, प्रयोजन ठीक उससे उल्टा होता है। यदि वह आपको भला आदमी कहे तो समझना चाहिए कि वह बुरा आदमी समझता है। यदि वह आपकी भलाई करने को उत्सुक हो तो निश्चय ही वह अपनी भलाई नहीं करना चाहता है। मुख्य आमात्य आपके भले के लिए इतने व्याकुल हो रहे हैं कि मुझे उनकी नीयत पर शक होने लगा है।"

अस्तभान ने खीझकर कहा, "पर अब उसका क्या स्वार्थ हो सकता है?"

मुफतलाल ने कहा, "वह पच्चीस लाख बचाना चाहता है। यदि

आपका विवाह आपके पिता के मारफत होगा तो यह रकम देनी होगी। यहाँ जल्दी शादी कर देने से यह रकम बच जाएगी।"

अस्तभान ने मुफतलाल की बुद्धि की बहुत तारीफ की और कहा कि तुम आगे चलकर बहुत सफल कलेक्टर बनोगे।

मुफतलाल बोला, "आप उससे साफ कह दीजिए कि हम अपने नगर जाकर विधिवत् विवाह करेंगे। अपनी चाल कटती देख वह समझौता करना चाहेगा। तब हम दस-पन्द्रह लाख झटक लेंगे।"

वे दोनों बाहर आये। मुख्य आमात्य ने उत्सुकता से उनकी ओर देखा। अस्तभान ने कहा, "हम यहाँ शादी नहीं करेंगे। पहले घर जाएँगे।"

मुख्य आमात्य बेचैन हो उठा। पूछा, "क्यों? आपका विचार क्यों बदल गया?"

अस्तभान ने कहा, "इसलिए कि हम आपकी चाल समझ गये। आप अपने पच्चीस लाख बचाना चाहते हैं। हम कोई नादान बच्चे नहीं हैं। मेरी नाड़ियों में राज-रक्त है और मेरा यह मित्र मुफतलाल जब कलेक्टर बनेगा तब अच्छे-अच्छे आमात्यों को जेब में रखेगा।"

मुख्य आमात्य ने देखा कि उनके पत्ते उघड़ गये हैं। वे समझौते के स्वर में बोले, "कुमार, मैं अपने राज्य का हित देख रहा था और यह कोई बुरी बात नहीं है। आप भी यही कर रहे हैं। अब हम लोग खुलासा बात कर लें। बीच की कोई रकम तय हो जाय। हम आपको दस लाख दें तो क्या आप अभी विवाह कर लेंगे?"

अस्तभान ने यह रकम स्वीकार कर ली। मुख्य आमात्य यह कहकर विदा हुए कि हम राजकुमारी की तैयारी कर देते हैं। आप भी विवाह-दफ्तर जाने के लिए तैयार हो जाइए।

होना शादी और रहना सुख से सबका

इधर महल में नागफनी का शृंगार होने लगा। उबटन से स्नान कराया गया। सुन्दर वस्त्र और आभूषण पहनाए गये।

नागफनी ने करेलामुखी से कहा, "सखि, एक बात तो बता। मेरे भूतपूर्व प्रेमियों ने जो कपड़े और आभूषण दिए हैं, उनका क्या करूँ? क्या उन्हें वापिस कर दूँ?"

करेलामुखी ने कहा, "नहीं राजकुमारी, इतना कठोर न बनो। इससे उन बेचारों का हृदय फट जाएगा। इनको अपने साथ ले जाओ।"

नागफनी ने कहा, "पर वे (अस्तभान) क्या सोचेंगे? प्रेमियों के उपहार ससुराल ले जाना क्या अच्छा है?"

करेलामुखी ने कहा, "कुमार बहुत उदार विचारों के हैं। वे स्वयं प्रेम कर चुके हैं और उनके दिए वस्त्र-आभूषण कई कुलवधुएँ पहन रही हैं। वे जानते हैं कि तुम्हारा स्वभाव बहुत प्रेमपूर्ण है। जब तुम विवाह के पूर्व प्रेम कर चुकी हो तो विवाह के बाद तुम पति को बहुत प्रेम करोगी ही।"

नागफनी ने वे वस्त्र, आभूषण भी पेटियों में रखवा लिए।

सखियाँ इकट्ठी हो गयीं और मंगलगान होने लगे।

नागफनी और करेलामुखी गले मिलकर 'सावन-भादों के रूप' रोने लगीं। नागफनी ने कहा, "सखि, तुझे छोड़ते हुए मेरा हृदय फटा जा रहा है। यदि अपने पति के आचरण पर मुझे विश्वास होता तो मैं तुझे अपने साथ ले चलती। पर जैसा कि तू जानती है, वे बहुत चंचल स्वभाव के हैं।

मेरा जी यह सोचकर फटा जाता है कि अब तेरा क्या होगा? तू अब विवाह कर ले।"

करेलामुखी बोली, "किससे करूँ? मैंने अभी तक इस बात पर ध्यान ही नहीं दिया कि मुझे विवाह भी करना है। एक आदमी ने मेरे मन को जीता है।"

नागफनी ने उत्सुकता से पूछा, "वह भाग्यवान् कौन है?"

करेलामुखी ने लजाते हुए कहा, "राजकुमार के सखा श्रीमान् मुफतलाल जी।"

यह सुन नागफनी बहुत प्रसन्न हुई। उसने कहा, "सखि, वह आदमी मुझे भी बहुत पसन्द है। यदि राजकुल में शादी करने की मजबूरी न होती तो मैं उसी से शादी करना चाहती। तू अवश्य उससे शादी कर ले।"

करेलामुखी ने कहा, "नहीं, अब नहीं करूँगी। यदि आपका मन भी उसके प्रति आकर्षित हो चुका है तो उससे शादी करना मेरे लिए खतरनाक है। जैसे तुम्हें राजकुमार के मन पर भरोसा नहीं है, वैसे ही मुझे तुम्हारे मन पर नहीं है। मैं उनसे शादी कर लूँ और फिर तुम उन्हें हथिया लो, तो मेरा क्या होगा?"

नागफनी ने करेलामुखी को बहुत समझाया कि मैंने तो यों ही वह बात कह दी थी। उसने कहा, "सखि, तू निश्चिंत रह। मुफतलाल जैसे दो कौड़ी के आदमी पर क्या मेरा मन आ सकता है? न उसके पास धन है, न सौन्दर्य। उस जैसे निकम्मे आदमी से भला मैं प्रेम कर सकती हूँ?"

ये उद्‍गार सुनकर करेलामुखी आश्वस्त हुई। उसने कहा, "यदि वास्तव में तुम उनके बारे में ऐसा सोचती हो तो मैं उनसे शादी कर लूँगी। स्त्री निकृष्ट-से-निकृष्ट आदमी से भी शादी कर लेगी, पर श्रेष्ठतम पुरुष का भी दूसरी स्त्री से बँटवारा नहीं करेगी। हे राजकुमारी, तुम ससुराल जाकर उनका मन मेरी ओर फेरना।"

नागफनी ने उसे वचन दिया और दोनों सखियाँ फिर गले मिलीं।

इतने में विवाह-दफ्तर जाने का समय हो गया।

नागफनी अपनी सखियों के साथ धीरे-धीरे दफ्तर की ओर चली।

उधर मुफतलाल ने भी अस्तभान को अच्छे कपड़े पहनाए और दोनों विवाह-दफ्तर पहुँच गये।

वहाँ अस्तभान की आँखें नागफनी से मिलीं तो दोनों सुध-बुध भूल गये। नागफनी हर्ष से मूर्छित हो गयी। करेलामुखी ने उसके मुख पर पानी छिड़का तब उसे होश आया।

विवाह-अधिकारी ने कागजों में खानापूरी की। उसने पहले नागफनी से दस्तखत कराए। इसके पश्चात् अस्तभान के आगे कागज बढ़ाया। अस्तभान ने कलम हाथ में लिया। तभी मुफतलाल ने पीछे से उसके कान में कहा, "पहले पैसे ले लो।" अस्तभान मुख्य आमात्य की तरफ देखने लगा। मुख्य आमात्य ने कहा, "कुमार, दस्तखत कीजिए न।"

अस्तभान ने कहा, "पहले दस लाख का चेक दीजिए।"

मुख्य आमात्य ने कहा, "हाँ, हाँ, चेक तो हम देंगे ही। आपको जरा भी विश्वास नहीं है।"

अस्तभान कलम को लिए खड़ा रहा। आखिर मुख्य आमात्य ने जेब से चेक निकालकर उसके हाथ में रख दिया।

अस्तभान ने दस्तखत कर दिए।

बाहर शहनाई बजने लगी। फूलों की वर्षा होने लगी। नगर में जय-जयकार होने लगा।

सारे नगर में खुशी छा गयी। सब लोग इस जोड़ी की तारीफ कर रहे थे। समझदार कहते थे, 'जोड़ी ऐसी होती है। एक-दूसरे के बिल्कुल योग्य हैं। इस शादी में दो घर बिगड़ने से बच गये। अगर दोनों की शादी परस्पर न होकर अलग-अलग होती तो दो घर बरबाद होते। इस जोड़ी की बलिहारी है।'

सब सुख से रहने लगे।

अस्तभान और नागफनी अपने महल में सुखपूर्वक रहते। उनके

विवाह के दिन दोनों राज्यों में हर साल उत्सव होता था। इस दिन प्रेमी-प्रेमिका उपवास रखते थे और प्रार्थना करते थे कि हे भगवान् जैसी नागफनी-अस्तभान की जोड़ी जुड़ी, वैसी हमारी भी जुड़े।

मुफतलाल की शादी करेलामुखी से हो गयी थी। वह कलेक्टर हो गया था। कई बार वह घूस खाने के मामले में फँस गया, पर इस कारण छोड़ दिया गया कि रानी साहिबा की सखि का पति है।

राजा भयभीत सिंह सफेद बाल उखाड़ने से परेशान होकर अब बचे हुए काले बाल उखाड़ने लगे थे।

गोबरधन, वृद्धावस्था और रोग के कारण, उठ-बैठ नहीं सकते थे। वे बहरे और गूँगे हो गये थे, पर अभी भी मुख्य आमात्य बने हुए थे। वे 'एम्बुलैंस' में विधान-मंडल जाते थे और इशारे से जवाब देते थे।

भैया सा'ब रोज सबेरे गोबरधन बाबू के बँगले पर हाजिरी देने पहुँचते थे।

कुमार के प्रेमपत्र पहुँचाने वाला प्रोफेसर एकदम प्रिंसिपल बना दिया गया था।

जिन पुलिस अफसरों ने जोगी प्रपंचगिरी को पकड़ा था, वे बरखास्त कर दिए गये थे।

जोगी प्रपंचगिरी अपने नगर की नगरपालिका के अध्यक्ष हो गये थे और नागरिक जीवन सुधार रहे थे।

राजा निर्बल सिंह यह लोक छोड़ गये थे। उनके बेटों में गद्दी के लिए लड़ाई हुई जिसमें आधे बेटे मारे गये। उस राज्य में अराजकता देखकर पड़ोसी राजा राखड़ सिंह ने शान्ति और सुरक्षा के लिए उस राज्य पर कब्जा कर लिया था।

अस्तभान जिस विश्वविद्यालय से बी.ए. में फेल हुआ था, उसने उसे ससम्मान (आनरेरी) डॉक्टरेट दे दी थी और स्वयं गौरवान्वित हुआ था।

□□